程志华 ◎ 编著

城市管理

案例分析

中国财经出版传媒集团

经济科学出版社

Economic Science Press

·北 京·

图书在版编目（CIP）数据

城市管理案例分析／程志华编著 . -- 北京：经济
科学出版社，2024. 10. -- ISBN 978 - 7 - 5218 - 5969 - 0

Ⅰ. F293

中国国家版本馆 CIP 数据核字第 20247JX640 号

责任编辑：侯晓霞
责任校对：隗立娜　郑淑艳
责任印制：张佳裕

城市管理案例分析
CHENGSHI GUANLI ANLI FENXI
程志华　编著
经济科学出版社出版、发行　新华书店经销
社址：北京市海淀区阜成路甲 28 号　邮编：100142
教材分社电话：010 - 88191345　发行部电话：010 - 88191522
网址：www. esp. com. cn
电子邮箱：houxiaoxia@ esp. com. cn
天猫网店：经济科学出版社旗舰店
网址：http：//jjkxcbs. tmall. com
北京季蜂印刷有限公司印装
710×1000　16 开　9.5 印张　130000 字
2024 年 10 月第 1 版　2024 年 10 月第 1 次印刷
ISBN 978 - 7 - 5218 - 5969 - 0　定价：42.00 元
（图书出现印装问题，本社负责调换。电话：010 - 88191545）
（版权所有　侵权必究　打击盗版　举报热线：010 - 88191661
QQ：2242791300　营销中心电话：010 - 88191537
电子邮箱：dbts@ esp. com. cn）

前　言

　　城市管理是专门研究城市公共事务管理的应用性科学。2019 年底，我国城镇化率首次超过 60%，标志着我国初步完成从乡村社会到城市社会的转型，进入城市社会时代。同时，伴随着信息技术的快速发展，城市中的新生事物层出不穷；国际化、科技化带来的不确定性随之增加。城市发展面临着环境污染加剧、公共产品供给不足、城市危机突发等多个难题。城市发展理论更新迭代速度快，城市发展进入多个问题叠加的困境，这些对城市治理提出了新的挑战。

　　城市管理教学方法亟须改革，管理理论中的经典理论可应用其中。如何将管理理论应用到城市管理案例分析过程中，是城市管理这门课程的主要创新点。

　　本教材的特色及创新点包括：（1）内容的现代性及前沿性。教材联系新的实际，关注新时代背景下城市管理面临的新问题和挑战。（2）秉持体现理论联系实际的教学原则。教材编撰每章至少 2 个案例，案例的编写紧贴现实，与章节理论契合，形成"理论＋案例"的立体化章节设计。（3）关注学生综合能力的培养。教材"理论＋案例"的章节设计及案例分析的问题设置，提高了学生的理论素养，分析、解决问题的能力，以及沟通、协作能力。（4）凸显课程思政内容。在城市化、城市人口管理、城市公共经济管理、城市公共服务管理等章节中，将理想信念教育、中华优秀传统美德、国防教育、劳动教育等融入教材编写过程，引导学生树立正确的世界观、人生观和价值观。

本教材适用于大学本科城市管理相关专业的教学，也可伴随有关案例选用作为 MPA 学员的教学用书。同时，还可以作为城市和区域经济研究领域研究生的辅助学习材料。

限于时间和水平，本书的瑕疵和错误在所难免，诚请各位读者雅正，以便在今后再版过程中改进。

程志华

2024 年 3 月

目　录

| 第1章 |

导　　论

城市管理案例分析旨在应用案例分析方法剖析当代中国城市问题、探索城市运行规律。伴随着我国进入城市社会时代，城市中的新问题、新现象层出不穷，案例分析方法逐渐引起人们的重视。理解城市管理的基本概念和案例分析的基础理论对于本门课程的学习尤为重要。本章内容包括三部分：一是阐述城市管理的基本内涵、特征和意义；二是阐述案例分析的概念、意义、种类及经典模型；三是简要概述本门课程的研究内容。

1.1　城市管理概述

1.1.1　城市管理的概念

在词源学上，"城"与"市"是两个不同的概念。"城"是指四周筑有城墙，扼守交通要冲，具有防卫意义的军事据点；"市"是指交换和贸易的场所。随着经济社会的发展，"城"和"市"逐渐融合，形成城市的雏形。中国城市的萌芽可追溯到夏商时代。在唐宋时期，中国已经出现了百万人口的特大城市。

现代城市起源于 18 世纪中期的工业革命，英国率先开始了城市化的历史进程。进入 21 世纪，全球超过一半的人口生活在城市，城市已经成为现代文明的主要载体。城市规模不断扩大，出现了特大城市、超大城市，现代交通的日益发达，城市与城市之间的时空距离不断缩短，相互之间的联系日益紧密，形成了城市群。

城市的诞生催生了城市管理。城市管理是指对城市公共事务的管理活动，即城市政府对城市的经济、人口、基础设施、公用事业等活动进行管理，并实现城市可持续发展的过程。

改革开放以来，特别是 20 世纪 90 年代以来，我国城市化进程加快，城市化率从 1991 年的 26.94% 持续上升，2000 年为 36.22%，2010 年这一数据达到 49.7%，2019 年底我国城市化率为 60.9%，在我国历史上，首次超过了 60%。① 按国际标准，一个国家的人口城镇化率达到 60%，就意味着已经基本实现城镇化，初步完成了从乡村社会到城市社会的转型，进入城市社会时代。城市管理和治理任务日益重要。

1.1.2　城市管理的基本特征

基于城市的复杂性特征及城市的多重功能、多重要素，现代城市管理的特征可总结如下。

（1）综合性。人口向城市聚集，更向大城市聚集。现代城市众多子系统构成的复合体，经济、社会、环境资源相互影响、相互制约，构成了城市运行的基础，也决定了城市管理具有综合性的特征。城市管理的综合性特征意味着，在城市管理过程中，必须兼顾到众多主体的利益平衡性，而不能为达

---

①　国家统计局. 中国统计年鉴 2020［M］. 北京：中国统计出版社，2020：31.

到某一政策目的而有损于其他主体的利益。在城市的日常运转过程中，也必须协调多元利益主体之间的关系。

（2）开放性。城市是一个开放的大型系统。一方面，城市生产了有形的产品和无形的知识、信息、服务等，通过向外输出完成自身的辐射作用；另一方面，城市吸引外界的人力、原材料等生产要素源源不断进入城市。城市与外界的"辐射—吸引"双向活动决定了城市管理活动的开放性。城市管理活动的开放性表现在城市管理者、城市居民对外来人员的包容态度上，也表现在对新生事物、新理念的接纳程度上。

（3）动态性。现代城市是一个有机整体，各个子系统之间相互联系、相互制约，局部的运转会影响到城市整体运转。研究城市管理活动，掌握城市运行规律，必须从长远的、动态的角度管理实施城市发展，进行总体活动的动态规划，而不能静止地、独立地看待城市的某个子系统。同时，不仅要管理好局部，还要协调好整体运行。

（4）参与性。城市管理过程中，需要对相关主体的利益关系和利益格局进行调整。为了维护多元利益平衡，需要发展和完善公众参与的渠道和途径，保障不同社会群体拥有平等的利益表达权。

1.1.3　城市管理的意义

目前我国城市化正处在快速推进阶段，每年将近 1000 万人口从农村进入城市。同时，我国城市发展不均衡，特大型城市、超大型城市、大型城市、小城镇并存，各个城市发展所面临的问题不尽相同，都需要解决。学习城市管理学有着重要的意义。

第一，学习和研究城市管理有助于实现城市资源的合理配置。一方面，城市化进程快速推进，人口在城市中越来越聚集；另一方面，城市资源配置不均衡影响城市化进程。如城市的义务教育资源，除总量不够之外，更主要表现为资源配置不均衡，城市人口都在追求好的教育资源，怎样实现教育资源的合理配置，是城市管理学所要解决的问题。学习城市管理的基本理论，研究城市化的趋势和发展，有助于合理配置城市教育、卫生、社会保障、通信等资源，使城市容纳更多的劳动人口，加快城市化进程。

第二，学习和研究城市管理可以促进城市化的可持续发展。英国自工业革命之后开始了快速城市化进程，经历200多年的城市化进程，目前英国城市化率已经超过90%。在城市化过程中，出现过"伦敦大雾"等以环境污染为代表的"城市病"。如何实现城市健康、可持续发展，成为发展中国家面临的主要问题。当前我国处于快速城市化阶段，学习和研究城市管理学、掌握城市运行和发展的基本规律，有利于及时化解"城市病"，有助于城市化健康推进，促进城市化可持续发展。

第三，学习和研究城市管理有助于提升城市人口满意度。城市管理贯穿于城市发展的整个过程，涉及城市规划、建设、运行和服务等众多环节。城市管理的科学性和先进性有助于制定相应政策，提升公共服务满意度，提升公共服务效益。2017年，我国各个城市开始实施"户口新政"，2019年石家庄市已实行落户零限制，很多城市也展开"抢人大战"，放松了落户限制。大量人口进入城市，如何能够保证这些人的基本需求呢？如何提供足够的社会保障呢？这些都需要城市管理学作为基本理论。学习城市管理学，研究城市现象，可以实现以人为本，提升城市人口的幸福指数。

第四，学习和研究城市管理可以培养造就大批人才。促进城市管理现代化，需要培养造就大批人才，发达国家在小学课堂中就开始普及垃圾分类、环境保护、志愿服务等市政知识。目前，我国城市管理的专题教育和培训尚未普及，一些管理者缺乏系统的城市管理知识，仅凭热情和经验上阵指挥。随着城市化进程的加快发展，城市管理问题日益复杂化，客观要求加大城市管理培训和教育力度，培养和造就大批城市管理人才，不断树立市民的都市意识，提升市民素质。随着人们越来越关注城市管理问题，城市管理水平也将不断提升。

1.2　案例分析概述

1.2.1　案例分析的概念

"案例"一词译自英文的 case，最初是医学上的专门用语，即医疗部门对病情诊断的处理方法的记录。后来广泛用于法律、企业管理等不同领域。通过案例分析，可以对某一领域的问题进行深入的研究分析，从中寻找带有规律性、普遍性的成分，即从"个性"中发现"共性"。从研究方法上来看，案例分析是重要的定性研究方法，是商学、经济学、管理学的主要研究工具，也是必然趋势。

20 世纪初，哈佛大学创造了案例教学法。案例教学法是围绕一定培训的目的把实际中真实的情景加以典型化处理，形成供学生思考分析和决断的案例（通常为书面形式），通过独立研究和相互讨论的方式，来提高学生分析问题和解决问题的能力的一种方法。现在，案例教学法已经是教育领域最有效的教学手段之一，被广泛应用于世界各个学科领域。

1.2.2　案例分析的意义

（1）案例分析有助于提高案例使用者对城市发展问题的重视程度。改革开放以来，我国城市化呈现快速发展的态势，大量人口进入城市。伴随着城市化进程，信息化、现代化促进了城市的快速发展。在此背景下，城市发展日新月异，新的现象、问题层出不穷。生活在城市的居民难以注意城市快速发展过程中带来的新的问题和现象，通过案例收集和案例写作，可以提高城市管理者、研究者对城市经济、社会、环境、安全等方面存在的问题的关注程度。也可以通过案例分析，为解决实际问题提出对策建议。

（2）案例分析有助于理论联系实际。本科教学以理论讲解为主，城市发展迅速、城市理论也快速更新。通过案例分析，有助于学生将城市管理基本理论与城市发展现实结合起来，并通过案例学习进一步理解理论，加深对城市管理相关专业的理解。

（3）案例分析有助于提高学生的分析能力、思维能力和组织沟通能力。案例分析过程往往涉及案例阅读、小组讨论和规律总结等内容，案例学习的时间较长。通过深入分析案例，学生在案例阅读过程中寻找细节、总结要点，提高了学生的分析能力；在小组讨论过程中，表达观点、总结观点，可提高思维能力；与他人的交流沟通提高了组织协调能力。学生综合素质的提升为城市管理专业学生就业提供了有力保障。

（4）案例分析有助于提高城市政府管理者的素质。城市政府管理者的学科背景来源多样化，城市管理又涉及管理学、社会学、人口学、公共管理等多个学科背景，具有综合交叉的特点。通过案例分析，集中体现城市管理的综合特点，有助于提高城市管理者的素质。

1.2.3　案例的种类

（1）根据研究主题分。原始案例指个体亲身经历的事件，在案例中往往涉及对真名实姓的人们进行的大量的访谈。图书馆案例包括经典案例（如某些公司失败的案例）和公共记录案例（来源于政府文件、上市公司的报道等）。虚拟案例中所引用的公司或事件都是杜撰的，常应用于变革管理、引进新技术、外来文化冲击等案例的讨论中。

（2）根据案例学习的功能分。描述评价型案例完整介绍、描述某一管理活动的全过程，有现成的方案，要求案例使用者对它进行评价。分析决策型案例只介绍了某一些有待解决的问题，由案例使用者分析，并提出对策。

（3）根据案例的内容分。专题型案例一般是以组织管理中某一方面的问题而编写的案例。综合型案例是以组织整体对象来描述组织运行过程中存在的一些事关全局的问题。一般来说，案例都是综合型的，两者并没有严格的区分，综合型案例是一种较为复杂的专题案例。

1.2.4　案例分析经典模型

1.2.4.1　PEST 模型

PEST 模型是分析宏观环境的有效工具，即对案例外部环境的分析通常从政治因素（political）、经济因素（economic）、社会因素（social）、技术因素（technological）等层面展开。政治因素包括案例事件所处的国际关系、政治干预、政治局势、方针政策等；经济因素往往涉及案例事件所处的经济发展水平、城市化程度、收入水平、经济结构等；社会因素包括案例所处的教育水平、价值观念、宗教信仰、风俗习惯等；技术因素包括自然地理因素、科学技术进步等。PEST 模型不仅能够分析外部环境，而且能够识别一切对组织有冲击作用的力量。

在 PEST 模型的基础上，后经学者不断完善，提出了 PESTEL 模型（也称 PEST 扩展模型），在政治因素、经济因素、社会因素、技术因素分析的基础上，又增加了环境因素（environmental）和法律因素（legal），进一步完善了 PEST 模型。PEST 模型及扩展的 PESTEL 模型可用于城市化、城市经营、城市可持续发展等方面的案例讨论中。

1.2.4.2　SWOT 模型

SWOT 模型是案例分析的经典模型。它着重从内部因素和外部因素两方面分析事物或事件所处的环境。内部因素包括优势和劣势：优势（strengths）

是指与同等城市、地区相比，城市自身所具有的优势；劣势（weakness）是指与同等城市、地区相比，城市自身所具有的劣势。外部因素包括机遇和威胁：机遇（opportunity）是指城市发展面临的机遇，可能来源于政策、技术、变革等；威胁（threats）是指城市发展面临的威胁，可能来源于经济发展趋势等。

进行 SWOT 分析的目的是进行战略分析，内部因素和外部因素相互交叉共得到四种战略：优势－机遇战略即发挥优势、利用机会，劣势－机遇战略要利用机会、克服弱点，优势－威胁战略要利用优势、回避威胁，劣势－威胁战略要克服弱点、回避威胁。SWOT 模型有助于城市经营、城市政策实施分析。

1.2.4.3 五力模型

"五力模型"是 20 世纪 80 年代初迈克尔·波特提出的，该模型认为行业中存在着决定竞争规模和程度的五种力量，这五种力量综合起来影响着行业的竞争能力和企业的生存能力。"五力"是指供应商的议价能力、购买者的议价能力、行业内现有竞争者的议价能力、替代品威胁，以及现存竞争者之间的竞争。

供应商为企业提供商品及服务，通过抬高价格赚取利润而变相降低了企业的利润，因此可通过降低供应商的议价能力来实现企业利润的增加。购买者希望通过较少的价格支出获得较高质量的产品或服务，从而直接影响企业利润。行业内现有竞争者的议价能力主要表现在行业内现有竞争者的竞争力上，竞争力越强，越有利于其占领市场份额、提高价格优势，从而赚取利润。行业内潜在竞争者的议价能力的关键影响因素是行业的进入壁垒。行业的进入壁垒是指新进入某行业的企业需要承担的额外成本。进入壁垒越大，潜在竞争者进入行业的难度越大，则议价能力越弱。绝大多数产品在本行业中存在替代品，替代品的存在将影响产品的销售。五力模型可应用于城市经营、城市竞争等分析。

1.2.4.4　5W2H 模型

5W2H 模型也称七问分析法，20 世纪 40 年代由美国陆军兵器修理部首创。该分析方法广泛应用于企业管理和技术活动，通过详细盘点事件细节，有助于查漏补缺。5W2H 模型中，"5W"是指原因（why）、什么事（what）、时间（when）、谁（who）、地点（where）；"2H"指成本（how much）和什么行为（how）。5W2H 分析简单方便，易于理解和使用，可以准确界定、清晰表达问题；能够有效抓住事件主骨架，掌控事件的本质。5W2H 模型可应用于城市政策、城市事件及案例描述等微观层面。

1.2.4.5　利益相关者模型

费里曼（Freeman，1984）指出，利益相关者是能够影响一个组织目标的实现，或者受到一个组织实现其目标过程影响的所有个体和群体。从这个概念出发，企业的利益相关者包括外部利益相关者和内部利益相关者，不同利益相关者对企业活动的诉求不同，作用途径也存在差异。外部利益相关者包括政府、供应商、消费者、竞争对手等；内部利益相关者包括股东、员工和管理层。利益相关者模型主要应用于企业经营。

在城市管理过程中，利益相关者模型应用广泛，针对城市人口、城市安全、城市社区管理等内容，往往涉及大量利益主体，通过利益相关者模型分析多个主体的利益诉求，有助于城市管理者把握利益平衡，便于政策制定。

1.2.5　案例分析过程

案例分析过程包括案例描述、个人思考、小组讨论、诊断性总结等环节。案例分析的第一个环节是进行案例描述。案例使用者通过反复阅读案例，复述案例的基本内容，描述案例讲述了一个什么样的"故事"。案例描述可以加深案例使用者对案例的了解程度，并初步了解案例分析的目的。案例阅读的时间一般为 10～15 分钟，在开始进行案例分析前，要求案例使用者简单描述案例。

第二个环节为个人思考，个人思考往往设置 2～3 道个人思考题，题目一般来源于理论基础中的相关知识点。通过个人思考题，案例使用者将案例与基础理论联系起来，加深了对理论的理解，也在分析过程中逐渐明确知识点的应用必将回归到现实中，进一步达成本门课程的教学目的。

第三个环节为小组讨论。按照学号、宿舍、生源地、生日等将案例使用者分组，每组 3～5 人。小组通常对案例中的核心问题进行讨论，核心问题的设置往往围绕案例分析的目的开展，应用多种分析工具和模型，使案例使用者具有直观的印象。小组讨论的时间一般为 15 分钟，之后小组分享讨论结果，同时可进行结果讨论。该环节为案例分析的核心环节。

第四个环节为诊断性总结。诊断性总结问题往往具有综合性、全面性的特点，是在个人思考、小组讨论的基础上对理论的反思和总结。通过诊断性总结，进一步对理论基础进行反思，提高了案例使用者的理论水平。

1.3 研究内容

城市管理案例分析以城市管理学的基本框架为基础，遵循"城市管理主体—城市管理客体"的基本逻辑，城市管理案例分析的研究内容主要包括以下四部分。

第一部分是本课程的背景。本门课程开设的主要背景即城市化。我国正处于快速城市化进程中，快速城市化中人口大量向城市聚集、城市面积不断蔓延，相应的城市基础设施、城市社会、城市安全都在发生全面而剧烈的变化。可以说，城市化是城市管理学和城市管理案例分析的重要和首要背景。

因此，城市管理案例分析首先要研究城市化的进程和具体表现，之后结合案例进行分析，研究城市化过程中的主要问题和政策选择。

第二部分是城市管理体制。城市管理体制是指城市管理的组织结构、职能结构、行为方式以及运行机制的总和，城市管理体制决定了城市管理的主体和客体，决定了城市管理的基本模式。在城市管理案例分析中，通过界定城市管理的主体及目前城市管理体制中存在的主要问题，如街居制改革、社区管理难题等，之后通过案例分析，了解上述问题产生的原因和背景，并进一步研判城市管理体制的发展趋势。

第三部分是政府开展城市管理的手段。城市化是经济发展的必然结果，城市化进程主要受市场运作规律的支配，然而在城市化过程中存在着诸多市场失灵问题，如公共产品和公共服务供给不足、环境污染等负外部性问题显著及收入分配差距过大等问题，因此，需要政府的干预以纠正市场失灵。政府开展城市管理的手段包括制定和实施政策、开展经济和社会规制、制定并实施城市规划等。本课程设置了城市政策专题、城市政府规制专题及城市规划专题，探讨政府开展城市管理的规律。

第四部分是城市管理客体。城市管理客体即城市管理对象，是指单纯依靠市场机制可能出现失灵问题，公共管理机构必须介入城市管理领域。具体地讲，城市管理客体也就是城市公共事务。城市管理客体主要涉及城市基础设施管理、城市危机管理、城市人口管理、城市住房管理、城市环境管理、城市公共服务管理及城市管理创新等内容。

复习思考题

1. 简述城市管理的概念。

2. 简述城市管理的特征。

3. 案例分析中有哪些经典模型？

第 2 章

城市化专题

城市化是伴随着工业化发展，人口和经济活动不断向城市集中的历史过程，是一个国家现代化的重要标志。理解并掌握城市化的基本概念及我国城市化的进程和成就，可以更好地把握城市运行规律。本章内容包括五部分：一是阐述城市化的概念和测度；二是简要分析中国城市化的进程；三是阐述我国改革开放以来的城市化；四是分析我国城市化存在的问题；五是以北京、上海、成都三个城市的案例分析城市化的特征、进程和表现。

2.1 城市化的概念

城市化是指人口和经济活动从农村向城市转移的过程。它主要表现为农业人口向非农人口转变、生产要素向城市集聚、人口规模不断扩大及新城市的数量不断增加。广义看，城市化还表现为城市经济活动、文化形式、生活方式和价值观念向乡村地域不断扩散的过程。经济发展是城市化的主要推动力，人类有史以来的三次产业的发展，即农业、工业、第三产业的发展是城市化的动力源。

如何测度城市化？最常用的衡量指标为人口指标，即城市常住人口比区域总人口。其中，常住人口指连续在城市居住半年以上的人口，这是在世界范围内较为常用的指标。该指标的不足主要表现为，各个国家和地区对城市的界定标准存在巨大差异，同时对常住人口的界定标准也存在差异。除人口指标外，还有一些基本测度方法，如城市非农业人口测量法、城市土地比重测量法、城市化人口增长速度测量法、城市数量增长速度测量法。

2.2　中国城市化进程

中国是世界上城市起源最早的国家之一，拥有 5000 多年的城市建造史。根据资料记载，中国黄河流域、长江流域、沿海和内陆共诞生过 60 多座主要都城和 2000 多座县城。[①] 历史上，西安、洛阳、开封、杭州、南京、扬州、北京等城市，都是当时在世界享有盛誉的古代大都市。工业革命以来，欧洲和北美开始工业化和现代化，英、美、法、德等国家迅速崛起。中国长期的农业经济发展战略和清朝实施的闭关锁国政策导致中国城市化进程长期滞后于世界。

新中国成立 70 余年，我国城市化水平大幅提高，城市数量由新中国成立前的 132 个增加到 2022 年的 695 个，城市化率由 1949 年的 10.64% 提高到 2022 年的 65.22%。[②] 城市化进程经历了以下五个阶段。

第一阶段为城市化起步阶段（1949～1957 年）。1949 年，新中国刚成立时，我国城市化率仅为 10.64%。[③] 在第一个五年计划时期，随着 156 项重点工程的启动和推进，出现了一批新的工矿城市，如纺织机械工业城市榆次；

---

① 付崇兰，白晨曦，曹文明. 中国城市发展史 [M]. 北京：社会科学文献出版社，2012：3.
②③ 国家统计局. 中国统计年鉴 2023 [M]. 北京：中国统计出版社，2023.

煤炭新城鸡西、双鸭山、焦作、平顶山、鹤壁等；钢铁新城马鞍山；石油新城玉门等。还完善了一批老城，扩建了武汉、成都、太原、西安、洛阳、兰州等工业占优势城市，发展了鞍山、本溪、齐齐哈尔等中等城市和哈尔滨、长春等大城市。到 1957 年末，我国城市数量为 178 个，城市化率提高到 15.40%。①

第二阶段为城市化波动较大阶段（1958～1965 年）。1958 年，国家开始实施"大跃进"计划，提出"以钢为纲"、全民大办工业的总路线，城市发展也表现出急躁冒进问题。这一时期的城市化严重脱离了城市的实际承受能力。1960 年，城市化水平提高到 19.75%。1961～1965 年为城市化调整和滑坡阶段。三年困难时期更使农村经济雪上加霜。为缓解城市粮食严重短缺问题，国家通过行政手段压缩城镇人口规模，动员大批职工及其家属返乡务农，城市化呈现出大幅回落的局面。1965 年，城市化率下降到 17.98%。②

第三阶段为城市化严重停滞阶段（1966～1978 年）。1966 年之后，工业化和城市化停滞不前，相应的城市发展也十分缓慢，城市化进程受阻。1966～1978 年，全国仅增加城市 26 个，③ 这一阶段城市化率一直在 17.5% 左右，个别年份出现了负增长。

第四阶段为城市化快速发展阶段（1979～1991 年）。改革开放以来，特别是进入 20 世纪 90 年代以来，小城镇发展战略的实施、经济开发区的普遍建立以及乡镇企业的兴起，带动了城市化水平的高速发展。1979～1991 年，全国共新增城市 286 个。到 1991 年末，城市化率达到 26.94%。④

第五阶段为城市化稳定发展阶段（1992 年至今）。党的十四大明确了建立社会主义市场经济体制的总目标，确立了社会主义市场经济体制的基本框

---

① 杨宏山. 城市管理学（第三版）［M］. 北京：中国人民大学出版社，2021：22.

② 国家统计局. 中国统计年鉴 2023［M］. 北京：中国统计出版社，2023.

③ 国家统计局. 新中国 60 周年报告十：城市经济社会发展日新月异［R/OL］. 2009－09－17. https://www.gov.cn/gzdt/2009－09/17/content_1419726.htm.

④ 国家统计局. 中国统计年鉴 2023［M］. 北京：中国统计出版社，2023.

架。城市作为区域经济社会发展的中心，其地位和作用得到前所未有的认识和重视。2002 年 11 月，党的十六大明确提出要逐步提高城市化水平，坚持大中小城市和小城镇协调发展，走中国特色的城市化道路，从此，揭开了我国城镇建设发展的新篇章，城市化与城市发展空前活跃。到 2022 年底，全国城市总数达到 695 个，城市人口为 92071 万人，城市化率提高到 65.22%。[①]

2.3 中国城市化的成就

改革开放以来，特别是 21 世纪以来，中国城市化水平持续提高。城市化率提升表明中国城市化取得了巨大成就，同时提出了新的挑战。

近 40 年来，中国的城市化取得了巨大的成就。20 世纪 80 年代以前，中国城市化率不到 30%；2000 年，城市化率为 36.22%；进入 21 世纪后，中国城市化率以 1.3 ~ 1.4 个百分点的速度匀速上升（见图 2 – 1）。2019 年，中国城市化率首次超过 60%，中国在历史上首次进入城市社会时代。

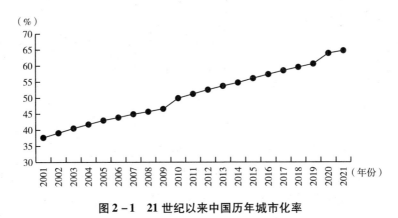

图 2 – 1 21 世纪以来中国历年城市化率

资料来源：国家统计局 . 中国统计年鉴 2023 ［M］. 北京：中国统计出版社，2023.

---

① 国家统计局 . 中国统计年鉴 2023 ［M］. 北京：中国统计出版社，2023.

第一，城市数量不断增加。2020年，中国有4个直辖市、2个特别行政区、283座地级市和375座县级市。按照城市化率核算，约8.3亿人口生活在城市，中国成为世界上城市人口最多的国家。

第二，城市基础设施建设不断完善。随着中国城市化进程的推进，城市道路、桥梁、环卫、邮政等基础设施建设水平不断提高。在数量上，表现为城市自来水普及率、城市污水处理率、城市燃气普及率、每万人拥有公交车量、人均拥有道路面积、人均公共绿地面积等指标，均有大幅提升。在质量上，表现为使用效率提高、与居民的需求匹配度高等。城市基础设施建设不断完善，提高了城市的吸引力，进一步提高了城市化率。

第三，城市对经济发展的引领作用明显。城市是区域经济发展的核心，对区域经济的引领作用明显。城市的集聚特征吸引了人、土地、资本、技术等生产要素的集聚，节约了生产成本；生产率提高进一步促进了生产分工，降低了交易成本。此外，城市群的不断发展，进一步提升了城市竞争力，使其在国家、世界范围内的辐射、影响力提升。

第四，城乡居民生活水平显著提升。改革开放以来，随着经济发展，民主问题逐渐得到改善，就业岗位明显增加，工薪水平大幅增长，消费市场繁荣。2022年，全国居民人均可支配收入达36883.3元，全国城镇居民人均可支配收入为49282.9元，全国农村居民人均可支配收入达20132.8元，城乡居民生活水平明显提高。[①]

2.4 中国城市化存在的问题

中国城市化率高于世界平均水平，但与发达国家相比，仍有不小差距。

---

① 国家统计局. 中国统计年鉴2023 [M]. 北京：中国统计出版社，2023.

2020 年末，全球城市化率为 56.15%，美国为 82.66%，日本为 91.78%，英国为 83.90%，法国为 80.89%。根据联合国测算，2035 年，全球城市化率将达 62.5%。除此之外，中国城市化率还存在以下问题。

第一，粗放型的城市发展弊端显现。城市化进程中，人口、土地、资本等生产要素向大城市集聚是客观经济规律。目前，中国城市单体规模摊大饼式扩张，城市空间分布和规模结构不合理的问题突出。

第二，户籍人口城镇化率低。与常住人口城镇化率不同的是，户籍人口城镇化率以户籍人口作为衡量依据，低于现有城镇化率。2020 年我国城镇化率为 63.89%，但户籍城镇化率仅为 45.4%，远低于常住人口城镇化率。

第三，区域发展不平衡。中国城市发展和城市化水平存在显著的不平衡，如东部城市城市化水平最高，平均为 70.67%；东北地区次之，平均城市化率为 67.71%；中部地区平均城市化率为 59%；西部地区城市化率最低，为 57.27%。从省份来看，北京、上海、天津 3 个直辖市的城市化率均超过 80%，东部沿海地区的广东、江苏、浙江及辽宁等省份城市化率均超过了 70%。① 城市化水平的不均衡进一步加剧了经济发展的不平衡，进而造成了整体经济社会发展的不均衡。

第四，城市基本公共服务缺乏。城市面积快速扩张，城市基础设施和公共服务承载力不断加大。超大城市、特大城市、大城市基础设施和公共服务与人口过度集聚，表现为交通拥堵、房价偏高、城市灾害安全弱化等问题，影响着城市可持续发展。

第五，城市安全问题凸显。进入 21 世纪以来，全世界范围内的安全风险增加。自然灾害、人为灾害相互叠加，特别是近年来，气候变暖、全球流行性疾病、战争等问题，进一步放大了城市安全问题。

---

① 国务院第七次全国人口普查领导小组办公室 . 2020 年第七次全国人口普查主要数据［R/OL］. https：//www. stats. gov. cn/sj/pcsj/rkpc/d7c/202303/P020230301403217959330. pdf，2021－07－01.

📖 **阅读材料**

城市化率超过 60%，意味着什么？

按照发达国家的经验，大多数国家的城市化水平将会达到 80%。如果按照 80% 的城镇化水平算，假设从目前的 63.89% 开始增加，按平均每年增加 1 个百分点，则中国的城市化率达到 80% 还需要 16 年，即 2036 年左右达到 80%。城市人口规模将增加 1 亿～2 亿人。每年大约净增加 1200 万～1400 万城镇人口，这些人口除了城市自然增长的人口以外，绝大多数基本都是由农村流入城市的人口。我国未来人口从农村向城镇转化的趋势还会持续 15 年左右，达到 80% 左右后停止。

资料来源：童玉芬. 中国人口的最新动态与趋势——结合第七次全国人口普查数据的分析［J］. 中国劳动关系学院学报，2021，35（4）：15 – 25.

2.5　案　　例

2.5.1　案例一：北京城市化——高水平的城市化①

2.5.1.1　改革开放以来北京城市化的演进历程

自改革开放以来，北京市保持了高水平的城市化。与此同时，工业化进程不断加快，城市综合功能增强。

（1）非农人口比重稳步提升，城市化水平持续上升。1978 年，在全国

---

① 根据国家统计局. 中国统计年鉴 2023［M］. 北京：中国统计出版社，2023：174；北京市统计局. 北京统计年鉴 2021［M］. 北京：中国统计出版社，2021；北京市发展和改革委员会. 北京市"十五"时期城市化发展规划［R/OL］. https://fgw. beijing. gov. cn/fgwzwgk/zcgk/ghjhwb/wnjh/202003/t20200331_2638435. htm，2007 – 11 – 05 整理。

城市化率仅为 17.92% 时，北京城市化率已达 54.93%，高出当时全国平均水平 37 个百分点。此后，北京市城市化水平持续上升至 1989 年的 64.03%。1990 年，北京市的城市化率一跃上升为 73.48%，1991～2004 年，北京市城市化率以年均 0.45% 的速度均速上升至 79.52%。2005 年北京市城市化率为83.62%，2010 年为 84.98%，2015 年升至 86.50%。2016～2019 年，北京市城市化率均维持在 86.5% 的水平，2020 年北京市城市化率为 87.5%，远高于全国城市化率 63.89% 的水平。

按世界城市化的一般规律，各国城市化进程经历由慢到快、再由快到慢，直至停滞不前的曲线发展过程。在经济快速发展阶段后，当城市化达到 70% 左右时，城市化进入稳定发展阶段。按照这个规律，北京市在 20世纪 90 年代即进入城市化稳定阶段，成为全国城市化水平最高的城市。进入 21 世纪以后，北京市城市化仍然保持了较快的推进速度，城市化率持续上升。

（2）城市规模不断扩大。北京城市建成区面积 2017 年达 1446 平方千米，是 1949 年的 13.3 倍；城市道路里程 2018 年达 6202 千米，是 1949 年的28.8 倍；轨道交通运营里程 2018 年达 636.8 千米，是 1969 年首次建成通车的 29 倍；人均公园绿地 2018 年达 16.3 平方米，是 1949 年的 4.5 倍。

（3）市域范围进一步扩大。自 20 世纪 90 年代以来，北京陆续开始撤县设区。1997 年通县改为通州区；1998 年顺义撤县设区；1999 年昌平撤县设区；2001 年撤销大兴县设大兴区；2002 年撤销怀柔县设怀柔区，撤销平谷县设平谷区；2015 年，经国务院批准，撤销密云县、延庆县，设立密云区、延庆区。自此，北京进入"无县时代"。伴随撤县设区，北京市城区面积不断扩大。国家统计局数据显示，2008 年，北京市城市建成区面积为 1311 平方千米，2017 年增长至 1446 平方千米。

伴随着城市化进程，北京市经济社会得到全面发展。1993 年北京市人均可支配收入为 4039 元，1998 年上升至 8149 元，2003 年上升至 14017 元，

2020 年底已上升至 69000 元，位居全国第二，仅次于上海市。2020 年底，北京市居民恩格尔系数为 21%，北京市基本社会保险覆盖率已达 95%；人均住房面积大于 27 平方米。北京市基础设施建设完善，具有四通八达的地铁交通网络，地上和地下交通共同构成了居民日常出行的基本保障。

2.5.1.2 北京市城市化进程中面临的主要问题

（1）户籍人口城市化率低。根据第七次全国人口普查数据，2020 年底，北京市常住人口为 2189.3 万人，户籍人口约为 1397.4 万人，户籍人口城市化率约为 63.8%，远低于常住人口城市化率。北京城市化的一个重要特点是外来人口多，大量外地务工人员，构成了北京市第二产业、第三产业发展的基础。

（2）环境污染严重。在城市化过程中，北京市面临着严重的环境污染。其中，雾霾污染成为主要污染形式。从 2012 年起，北京市频繁遭遇雾霾侵袭。有专家分析，北京市雾霾的根本成因可能是城区交通排放的大量挥发性有机物、氮氧化物和周边工业生产排放的大量二氧化硫经化学转化生成的颗粒物。城市化进程中人口不断增多，工业化进程持续推进，大气污染及治理成为不可忽视的主题。

（3）交通拥堵严重。北京市还面临着交通拥堵问题，2010 年 12 月 23 日下午，北京市交通改善措施正式公布，参照《关于进一步推进首都交通科学发展　加大力度缓解交通拥堵工作的意见》，北京市实施小客车数量调控措施，按照公开、公平、公正的原则，以摇号方式无偿分配小客车配置指标。

为调整北京市空间格局、治理大城市病、拓展发展新空间，北京市提出了城市副中心建设。规划范围为原通州新城规划建设区，总面积约 155 平方千米，外围控制区约 906 平方千米，辐射带动廊坊北三县地区协同发展。2017 年 4 月 1 日，中共中央、国务院印发通知，决定设立河北雄安新区。雄安新区主要作为北京非首都功能疏散集中承载地，也是推动京津冀协同发展的关键举措。2018 年 12 月，北京城市副中心控规获批复，与雄安新区形成北京市新的"两翼"。2019 年 1 月 11 日，北京市级行政中心正式迁入北京城市副中心。

复习思考题

1. 个人思考题。

（1）除了人口统计学指标（城镇人口占总人口的比重），还有哪些指标可以衡量一个城市的城市化水平？

（2）结合北京城市化过程，试分析北京城市化的几个阶段及特征？

2. 小组讨论。运用 PESTEL 模型分析，试从政治、经济、社会、技术、环境、法律六方面分析北京城市过程中的表现或现象。

3. 诊断性总结。试用 SWOT 模型分析北京城市化过程，其中有哪些值得其他西部城市发展借鉴的经验？

2.5.2　案例二：上海城市化特征①

上海城市化进程大致分为三个阶段：第一阶段是 20 世纪 50 年代到 21 世纪初，规划建设闵行、吴泾、松江等 7 个卫星城，初步形成多层次的城市空间结构。第二阶段是"十五"和"十一五"两个五年规划时期。在郊区建设一城九镇，并建设嘉定、松江等 9 座新城，探索建立多层、多轴、多核城镇化体系。第三阶段始于"十二五"时期，目前正在推进中。阶段性特征为完善新型城镇体系，即确立了"中心城—新城—中心镇—集镇"的城镇化体系，城市发展重心逐步向郊区转移，新城规划规模进一步扩大，综合性功

---

① 姚凯. 上海城市总体规划的发展及其演化进程 [J]. 城市规划学刊，2007（1）：101－106.

能更为完备，吸纳人口的能力也更强。上海城市化的特征主要表现在以下方面。

第一，国际都市是上海的第一个城市化特征。上海开展城市化以后，很快就展现出其强大的吸引力，成为中国最为国际化的都市。外国商人首先利用上海优越的自然地理条件和不平等条约规定的特权，经营对外通商贸易，仅经过十余年的发展，上海的进出口贸易值就从占全国总值不足10%，发展到占全国贸易总值的50%左右，并取代广州成为全国的对外贸易中心。对外贸易的发展，使上海经济同外部世界有了联系。与此相伴随的是城市人口的大量增长，特别是国籍来源众多、异域风情浓郁的外国人充斥城市之中，真正让人们直观地意识到上海已经一步步融入世界。

第二，移民都市是上海城市化的第二个特征。农村人口向城市的流动是城市化发展的必要前提，"工业化和城市化，这两个过程互为因果的联系是显而易见的，但其中的关系却又十分复杂。城市化和工业化都离不开人口的增加"。上海的城市化也同样表现为人口集中和城市人口的不断增加，但与西方国家独立发展、以工业化为主的城市化相比又有一些不同。

第三，现代都市是上海城市化的第三个特征。城市化首先是人的城市化，对于上海移民来说，进行的不仅仅是从乡民变为现代市民的社会化过程，而是经过多次社会化，直至成为近代上海人的过程。城市化的内涵不仅在于城乡人口结构的转化，而且意味着传统生产方式、生活方式和行为方式向现代生产方式、生活方式和行为方式的转化。

复习思考题

请结合理论和上述材料，思考上海市的城市化具有哪些特征？是否具有代表性？

2.5.3　案例三：成都城市化进程和表现①

2.5.3.1　成都城市化进程

（1）非农人口比重稳步提高，城市化水平迅速上升。改革开放以来，全市非农人口占总人口的比重持续稳步上升。1976～2007 年，成都市非农人口比重提高了 32.2 个百分点，年均提高 1 个百分点以上。尤其是近年来，城乡一体化的推进促进了农村经济社会的全面发展，加快了农村现代化进程，全市非农人口比重一举提高了 16.82 个百分点，年均提高 4.2 个百分点。

按世界城市化的一般规律，成都市在 20 世纪 90 年代前后已经处于城市化中期阶段，进入城市化的快速发展期。2000 年，成都市进入城市化的中后期阶段，成为全省城市化最高的地区。2000～2007 年，成都城市化进程仍然保持了较快的推进速度，城市化率年均提高 1.3 个百分点。2007 年，成都市成为四川省城市化水平最高的地区。

（2）中心城区实体空间扩张迅速，城市规模不断扩大。1980 年成都市中心城区建成区面积为 60 平方千米，1990 年达 74.4 平方千米，1995 年达 129 平方千米，1999 年超过 200 平方千米，2005 年达 285 平方千米，在全国 660 个城市位居第八。1990 年，成都市中心城五城区非农人口仅为 161 万人，2000 年扩大到 205 万人，2006 年已超过 300 万人。2008 年，成都市中心城五城区常住人口已达 441 万人（不含高新区）。

（3）市域范围进一步扩大，城镇数量增加，城镇体系逐步完善。1983 年 4 月，国务院批准原温江专区与成都市合并，实行市领导县体制。成都市

①　根据四川省统计局，国家统计局四川调查总队．四川统计年鉴 2022［M］．北京：中国统计出版社，2022；成都市发展和改革委员会．国家中心城市 成都肩负的国家使命［R/OL］．https：//cddrc. chengdu. gov. cn/cdfgw/c114159/2016－09/21/content_3173881aa7b7446e83a9fc41b384aec0. shtml 整理。

的市制也由城市型行政区划体制转变为城乡合治的一般地域型行政区划体制。行政区域由原来的 5 区 2 县扩大到 2020 年的 5 区 12 县，市域面积达到 12390 平方千米，与 1976 年的 3861 平方千米相比增加了 2.2 倍，市域范围空前扩大，大城市带大郊区的发展格局开始凸显。

1988～1994 年，成都市行政区域内的灌县、彭县、崇庆、邛崃四县改为设市，市域范围内的设市数量达 5 个。2002 年，新都、温江两县改为市辖区。由此形成了 9 区、4 市、6 县的行政区划格局。在此期间，小城镇建设与发展也取得了长足进步，建制镇数量不断增加。市域内形成了超大城市—中等城市—小城市—建制镇—乡镇的城镇规模等级体系。以中心城区为核心、中小城市为节点、小城镇为依托的城镇空间格局初步形成。

2.5.3.2 成都城市化的特征表现

（1）城乡发展逐步走向和谐共荣。城乡一体的就业体系逐步形成，城乡一体的社会保障体系初步建立，城乡基础教育逐步走向均衡化，覆盖城乡的公共卫生体系基本形成，城乡发展走向和谐；工业化、城市化连同推进，农业现代化进程加快，近 38 万名农民住进了城镇和农村新型社区，城乡经济相融，三次产业互动，城乡同发展共繁荣的局面初步形成。

（2）外来人口在总人口中已占相当比重。近年来，成都市以其不断提升的综合实力和城市活力吸聚着全省乃至西部和全国的人口。2008 年，成都市常住人口与户籍人口之差已达 145.66 万人。如果不考虑极少量户籍人口异地居住的原因，则成都市外来人口占常住人口的比重已达 11.46%，即每 10 个常住居民中有一个外来人口。2007 年，成都市中心城五城区外来人口占常住人口的比重已达 29.61%，其中，锦江区外来人口占常住人口的比重则高达 40.37%。

（3）郊区城市化的态势初显。根据发达国家的经验，人口增长速度郊区超过中心城区、工业外迁、零售业外迁是郊区城市化最为重要的表征。目前，成都市人口增长郊区快于城市中心区的征兆开始显现。从户籍人口变动看，自 1999 年以来中心城区人口经过一段时期的持续增长后，在 2005 年以后增长速率明显回落，二圈层人口增长速率则稳步上升。2007 年二圈层人口增长速率首次超过中心城区。从常住人口变动看，尽管总体上中心城区人口增长速率仍然快于郊区，但二圈层一些区县常住人口增长速率已与中心城区相近。2000～2008 年，中心城区常住人口年均增长速率为 3.4%，而龙泉驿区常住人口年均增长速率也达 3.18%。进入 21 世纪后成都市开始启动东郊老工业企业的调迁。至 2006 年底，原位于中心城内成华、锦江两区的 169 户大中型工业企业迁往二、三圈层区域，同时标志着成都市基本完成了工业企业由中心城区向周边地区的迁移。二圈层工业总产值占全市的比重由 1999 年的 37% 上升到 2007 年的 50%，提高了 13 个百分点。中心城区工业总产值占全市的比重则由 2003 年的 41% 下降到 2007 年的 33%，减少了 8 个百分点。成都市大规模的工业外迁已经基本完成。

（4）城市形态向具有较高城市化水平的大都市区演进。大都市区是一个大的城市人口核心以及与其有着密切社会经济联系的具有一体化倾向的邻接地域的组合，是大城市发展到一定阶段的重要趋势，也是其城市化进程演进到高级阶段的一个重要特征。综合国内外的研究成果，判断大都市区形成的标准是：具有一个强大的城市人口核心；具有大都市区的典型空间结构特征；周边地区成为中/高密度的郊区；周边地区具有较高的非农化特征。

2008 年成都市中心城五城区常住人口已达 441 万人，完全具备了作为大都市区中心城市的条件。根据加拿大 Chreod 公司对中国大都市区的研究结论，我国的大都市区通常包含一个核心、核心区外圈层、大都市区主要次中心（中小城市）、较小的次中心（建制镇）、邻近核心区外圈层以及位于核心区外偏远的走廊组群内达到一定人口密度（500 人/平方千米）的郊区。

根据统计数据，2011 年末，成都市城镇化率为 67%；2015 年，城镇化率为 71.47%；2018 年，城镇化率为 73.12%；2019 年，城镇化率达 74.41%。

（5）成为区域增长中心，形成城市群。城市群已经成为我国城镇化的重要途径，2016年1月，成都市人民政府工作报告中提到，成都市优化城市空间布局，加快构建"双核共兴、一城多市"网络城市群发展格局。作为成渝城市群的核心城市，成都的城市中心度更是仅次于北上广深四个一线城市。

（6）城市快速通道发展迅速。城市内部通道构成密集的城市交通网络，对外交通同样发展迅速，西成高铁等高铁交通圈雏形初现。国际交通方面，截至2017年底，成都总航线315条，国际地区航线104条，位列中西部机场榜首。

复习思考题

1. 个人思考题。

（1）结合北京城市化过程，试分析成都城市化的几个阶段及特征？

（2）分析比较北京、上海和成都城市化特征有哪些差异？

2. 小组讨论。运用PESTEL模型分析，试从政治、经济、社会、技术、环境、法律六方面分析成都城市化过程中的表现或现象。

3. 诊断性总结。试用SWOT模型分析成都城市化过程，其中有哪些值得其他西部城市发展借鉴的经验？

| 第3章 |

城市管理体制专题

　　城市管理体制是城市政府组织结构、职能配置、管理方式和运行机制的总称。其中，城市管理主体及城市纵向组织结构是城市管理体制的重要组成部分。理解并掌握城市管理主体的构成，理解城市纵向组织结构形式及趋势是开展城市管理的前提。本章内容包括三部分：一是阐述当代城市管理主体，如权力系统和非权力系统；二是阐述城市纵向组织结构，如市—区—街道体制和街道—居委会体制；三是以青岛、南京、北京、贵州、铜陵等城市的案例分析城市基层管理体制改革的趋势。

3.1　当代中国城市管理主体

　　多元主体参与是城市管理的基础，当代中国城市管理主体可以分为权力系统和非权力系统。

3.1.1　城市管理的权力系统

　　市委是中国共产党设在市一级的地方领导机关，由市一级的党的代表大会选举产生。党的领导包括政治领导、思想领导和组织领导，主要职责为贯彻和执行中央和上级党委的路线方针政策；结合本地实际，制定符合该市的路线、方针、政策，并管理该市的党员和日常党务工作。市委内设书记、副书记和市委常委委员等职位，由党的市委全体会议选举产生，并报上级党委批准。

城市权力机关指市人民代表大会，在市的行政辖区内代表人民行使国家权力。城市的国家行政机关、司法机关，都由人民代表大会产生、对它负责、受它监督。市人民代表大会由下一级人民代表大会选举的代表组成；不设区的市人民代表大会由选民直接选举的代表组成，每届任期为5年。市人大常委会的组成人员不得担任市政机关、司法机关的职务。

城市行政机关是城市里执行国家权力的部门，在我国包括各级人民代表大会和各级人民政府。市政府执行人大及其常委会的决议，对人大及其常委会负责并报告工作，接受市人大及其常委会的领导和监督。作为城市行政机关，市政府必须执行上级行政机关的决议和命令，对上级行政机关负责并报告工作，服从国务院的统一领导。城市政府实行行政首长负责制，由市长、副市长、秘书长、厅长（局长）、委员会主任等组成。

城市司法机关由市人民法院和市人民检察院组成。法院是审批机关，代表国家独立行使审判权；检察院是法律监督机关，代表国家行使监察权。市级法院和检察院从属于市人大及其常委会，对其负责，受其监督。同时，市级法院接受上级法院的审判监督，市级检察院接受上级检察院的领导。检察院实行双重领导原则，各级检察院既受同级人大及其常委会的领导，又受上级检察院的领导。

3.1.2　城市管理的非权力系统

（1）民主党派和人民政治协商会议。我国有八个民主党派（中国国民党革命委员会、中国民主同盟、中国民主建国会、中国民主促进会、中国农工民主党、中国致公党、九三学社、台湾民主自治同盟)，民主党派在城市设有委员会，设主任委员、副主任委员、委员和秘书等职务。民主党派在城市管理中的主要作用是参政议政、民主监督、扩大及巩固统一战线。民主党派参与政治活动的主要方式为人民政治协商会议。市政治协商会议是统一战线组织，在市委的领导下，促进中国共产党和民主党派合作，也是民主监督的重要平台。

(2) 人民团体。人民团体包括市总工会、市共青团、市妇联、市科协、市侨联、市文联等。市总工会是市工人阶级的群众性组织，是工人阶级利益的代表。市团委是在市委和上级团委领导下的、负责全市共青团工作的领导机关。市妇联是全市性的妇女群众组织，是代表全市妇女、儿童合法权益，保护和教育妇女、儿童的群众团体。市人民团体代表所联系群众的利益，积极参政议政，参与市委、市政府的政策制定和市人大有关法规的起草，参加政治协商、民主监督。

(3) 居民委员会。居民委员会是城市居民自我管理、自我教育、自我服务的基层群众自治组织，基层政府及其派出机关对居委会的工作给予指导、支持和帮助。居委会的设立按照便于居民自治的原则，在 100 ~ 700 户的范围内设立。其设立、撤销及规模调整由区政府决定，一般下设人民调解、治安保卫、公共卫生等委员会。

(4) 企业。城市基础设施具有公共产品和服务性质，在城市基础设施和公共服务投融资体制改革的带动下，企业也可能参与到公共产品和服务的生产过程中。企业通常以合同外包、特许经营、合作生产等方式同政府合作，合作领域广阔，如道路、桥梁、景点、体育场建设、地铁建设等，企业参与城市管理和运营，可降低公共服务成本，提高公共服务的质量和效率。

(5) 非营利组织。非营利组织具有非营利性、志愿性、慈善性、非政府等特点，又被称为"第三部门"。随着城市政府职能转变，城市非营利组织参与城市管理的能力和频率逐渐增强。发挥非营利组织的作用，更好地动员社会力量，增强公益服务供给。

（6）广大市民。市民是指居住在城市所辖区域内、持有本市户籍的公民，是城市社会的主体。市民参政是指市民个人或群体通过一定途径和形式向政府表达利益诉求的过程。市民参政议政的途径包括利益表达、行使监督权、行使选举权等，市民参政议政可提高城市管理透明度，强化市民的监督意识。

3.2　城市纵向组织结构

3.2.1　市—区—街道体制

在纵向组织结构上，中国城市管理实行市—区—街道三级管理体制（简称"市区街体制"）。所谓市区街体制，即市政府领导区政府，并在区政府之下设置街道办事处作为派出机关，负责履行政府交办事项、指导居民委员会工作、反映居民意见。

目前，市区街体制有两种类型：一是设区的市实行市、区和街道"两级政府，三级管理"体制，设市、区两级政府，区下设街道办事处作为区政府的派出机关，直辖市、副省级市和多数地级市属于此类；二是不设区的市实行"一级政府，两级管理"体制，即在市下设街道办事处作为市政府的派出机关。少数地级市和所有县级市属于此类。

3.2.2　街道—居委会体制

在城市基层治理中，中国实行街道—居委会体制（简称"街居制"），即依靠街道办事处和居民委员会开展城市基层管理工作。其中，街道办事处是区人民政府的派出机构，是代表区政府对街道辖区行使管理职权的基层行政组织，行使区政府赋予的职权，在街道工委的直接领导下开展工作。

当前，街居制在实际运作过程中面临以下深层次矛盾。首先，街道办事处运作缺少法律依据。原有的《城市街道办事处组织条例》已于 2009 年废止，这导致街居制管理失去了基本的法律依据。其次，街道办事处普遍存在"责大权小"问题。作为政府派出机构，街道办事处的权力由上级政府授予，主要管理资源和执法权仍由"条条"掌控。最后，街居制与居民委员会的法定地位存在矛盾。在街居制下，居委会依赖街道办事处获取资源，不得不忙于完成街道办事处交办的事项，实际上变成了街道办事处的"腿"。

3.3　案　　例

3.3.1　青岛市市北区浮山后社区改革[①]

随着浮山新区建设的快速发展和迁入人口的不断增多，原来管辖新区的合肥路街道办事处难以应对新的社会管理任务。北区经过长期研究和充分论证后，2001 年在浮山后社区进行社区管理体制改革试点。

浮山后社区体制创新亮点是政府与社区分开和两级自治。政府与社区分开，就是把原来街道办事处的职能进行剥离，把属于社会性、群众性的工作全部交由居民群众自治，由社区委员会具体牵头落实。从具体操作来看，浮

---

① 刘同昌. 政社分开、居民自治的新型社区管理模式——青岛浮山后社区管理模式的调查与思考 [J]. 青岛行政学院学报，2005（2）：63 – 68.

山后社区对街道办事处及居委会160余项职能进行清理、划分，然后"合并同类项"，把原来由政府管理的社会化职能（48项）还权于社区委员会和居民委员会。对涉及行政执法、行政管理的工作则由精干的社区事务受理中心来完成；社会公益性的服务工作从街道的行政职能中剥离出来，交给专业社区工作者承担；民政福利部门中涉及社会职能部分的具体事务，转交给了慈善组织、中介组织和社会志愿者协会等社会组织。

两级自治，即在整个社区（街道层面）内选举或推举产生社区代表会议和原有的社区居民委员会。社区代表会议的常设理事机构为社区委员会，对其在民主政治建设和社区自治工作方面负有指导作用。社区居民委员在社区事务受理中心和社区委员会的指导下开展好自己的工作。在人事编制上，浮山后社区整个管理机构共有行政编制15人，其中社区事务受理中心人员行政编制共9人。实行集中办公后，该社区将原来由街道办事处承担的行政管理和执法职能归为城管、计划生育等8个方面，不再另设科室，实行敞开式办公和"一条龙"服务。

伴随着城市面积不断扩大，城市人口增多，社区事务受理中心所承担的工作日益繁重。2007年，恢复了浮山新区街道办事处。目前浮山新区街道办事处下辖6个社区。

3.3.2　南京市白下区淮海路街道管理体制改革[①]

2002年3月29日，南京市白下区委、区政府联合颁发了《关于街道管理体制改革试点的实施意见》，决定在面积仅0.55平方千米，人口18000余人的淮海路街道，进行街道管理体制改革的试点。改革的目标是：建立淮海

---

① 中华人民共和国国家发展和改革委员会. 南京市淮海路街道管理体制改革的做法和主要经验 [R/OL]. https://www.ndrc.gov.cn/fggz/tzgg/byggdt/200604/t20060419_1021720.html, 2006 – 04 – 19.

路社区行政事务受理中心，强化党工委工作和社区自治功能，创造条件逐步撤销淮海路街道办事处，进一步探索和完善社区管理体制。

淮海路街道管理体制改革的主要原因：一是街道办事处权能失衡。大量的社会事务最终都落到了街道办事处的身上，但街道办事处却没有与之相适应的法定地位和权力，不仅在财政和人员编制上受制于区级政府，而且没有独立的行政执法权力和完全的行政管理功能。二是街道办事处功能错位。街道办事处的工作几乎涉及政治、经济、社会生活的方方面面。既有履行政府职能的行政功能，也有组织经济活动的盈利功能，还有社区的社会服务功能。三是影响和束缚了社区自治功能的发挥。街道办事处凭借其对社区居委会人、财、物的控制，将政府职能延伸到社区，城市居委会不同程度地存在着行政化管理倾向，自治色彩淡薄，居民参与程度不高，凝聚力不强。

淮海路街道管理体制改革的主要做法：一是建立淮海路地区党工委。党工委作为区委的派出机构，履行该地区党组织职责。党工委下设"两办一部"，工委办公室主要负责组织、宣传、纪检、群团及有关行政性工作的综合协调，社会治安综合治理办公室主要负责辖区信访和社区稳定工作，武装部主要负责本地区的人民武装工作。二是建立社区行政事务受理中心，内设劳动保障、民政事务、计生服务等 6 个与群众关系密切的政务"窗口"，其工作人员为区政府有关职能部门派出人员。白下区把原淮海路街道办事处承担的行政管理和行政执法的职能全部移交给相关职能部门。属于社会性、群众性的工作则由社区全面承接。三是培育和发展专业性社会工作机构。建立了"一站""一中心"。"一站"即淮海路社会工作站，旨在培训专业的社会工作者。"一中心"即淮海路社区服务中心，主要开展便民利民活动，方便居民生活。按照市场化运作方式，将环卫保洁等适合市场化运作的社会事务交给社会承担。

白下区淮海路街道办事处撤销后，原有的城市管理模式由四级变为三级。相应地，街道体制改革后，人员精简比例达 52%。同时实现了政府和社区职能"归位"，即政府和社区逐步恢复其应有的角色和地位。但随着城市面积扩张和人口剧增，2009 年恢复了淮海路街道办事处，现下辖 6 个居委会和 1 个村委会。

3.3.3　北京市石景山区鲁谷社区改革[①]

随着石景山区城市化进程不断加快，街道行政管理和社会管理负担日趋沉重。主要表现在：街道职能模糊，越位错位缺位严重；区直部门与街道的条块关系混乱，街道有责任无权力；街道结构臃肿，成本高，效率低。2003 年 7 月 18 日，北京市石景山区鲁谷社区正式成立，遵循"小政府、大社区，小机构、大服务"的模式。在北京市城市基层治理模式探索中，石景山鲁谷社区充当了先锋。

鲁谷社区改革概括为瘦身、减负、自治三项内容。通过改革，鲁谷社区将内设机构由传统街道的 17 个科室，改为"三部一室"，机构数量减少了 73%；当时北京市同等规模的街道一般在 90 人左右，鲁谷社区在公务员编制人数上，减少为 39 人。在机构设置上，"三部一室"包括：党群工作部——履行原街道党工委职能；社区事务部——履行原街道民政、计生职能及劳动、文教体卫的行政协调职能；城市管理部——承担原街道城建科和综合治理办公室的职能；综合办公室——为原街道工委办、行政办、财政科、监察科的综合机构，并履行其全部职能。这一机构设置模式，在随后的 2004 年，开始逐步在石景山全区街道推广。

2011 年，石景山区恢复了除鲁谷社区外的所有街道办事处。

---

① 北京市石景山区鲁谷社区党工委. 坚持"四同步"激发社区活力 [J]. 政工研究动态，2004（23）：1.

3.3.4　贵阳市城市管理体制改革①

从 2010 年 2 月开始，贵阳市在小河区、金阳新区开展城市基层管理体制改革试点，探索建立适合城市基层的新型管理体制和规范的运行机制。

贵州省贵阳市撤销街道办事处的原因：一是街道办把主要精力放在了抓经济上，经济职能突出，而服务功能不彰；二是原有体制下的社区居委会承接了街道下放的各类经济指标和政治事务，自治和服务功能式微。因此，为转变街道职能，强化其服务功能，同时实现居委会的去行政化，回归其自治属性，贵阳市在 2010 年选择两个区即小河区和金阳新区进行了社区管理体制改革的试点，并于 2012 年在全市全面推进实施。

贵阳市通过调研和试点，首先是撤销了街道党工委和办事处，建立了社区党委和社区服务中心。撤销原街道党工委和街道办事处后，贵阳市在新建社区推行"一个社区党委、一个居民议事会、一个社区服务中心"的组织架构，变过去的"市—区—街道—社区"四级管理为"市—区—社区"三级管理。

撤销街道办以后，贵阳市按照人口 2 万 ~ 4 万人、面积 2 万 ~ 3 万平方千米的标准划定社区，形成了 94 个新型社区，每个社区设置一个社区服务中心，社区由原来居委会的管辖区域变为社区服务中心的管辖区域。

其次是职能调整，把原来由街道办承担的经济职能划归新成立的经济发展局，新成立的社区服务中心不再履行经济职能；将行政审批等部分行政职能交还区县的职能部门，实现去行政化。把居委会的行政职能全部撤销，回归自治功能。

最后是机制再造，在社区层面设立"一委一会一中心"，原居委会基本

---

① 张崇彬. 贵阳市城市基层管理体制改革探析［J］. 决策与信息旬刊，2012（8）：60 – 61.

保持不变。"一委"是指社区大党委;"一会"是指居民议事会,其成员从社区居民中推选产生;"一中心"是指社区服务中心,主要从事公共服务和社区管理的工作,如民生保障、计划生育、教育、卫生、民政、老龄、流动人口管理等相关事务。

2012 年,贵州省贵阳市在全市范围内撤销了街道办事处;2020 年,在全市范围内恢复(或新增)了街道办事处。

3.3.5 铜陵市社区综合管理体制改革①

铜陵市位于安徽省中南部。2010 年,铜陵市开始社区综合管理体制改革,直到 2011 年,在全市范围内撤销所有街道办事处。铜陵市进行社区综合管理体制的主要背景为:街道办事处起着连接区政府和居委会的作用,但现实情况是区里布置任务给街道办,街道办再布置给社区,但资金却在街道办手里,大量资金每年花在街道办身上。居委会承担了大量行政事务,工作行政化倾向严重,居民自治职能缺位,使居民满意度大幅下降,社区管理体制势在必行。

2010 年,铜陵市在铜官山区率先进行改革,撤销全区的街道办事处。将原有的 6 个街道办事处和 49 个社区工作站整合为 18 个大社区,变原来的"市—区—街道—社区"四级管理为"市—区—社区"三级管理。职能划分方面,将街道以前拥有的行政执法职能和主要的经济职能归到区里,而民政、社保等社区管理和服务事务职能下划至社区。管理体制方面,建立起以社区党工委为核心,社区居委会、社区公共服务中心、各类社会组织为支撑的管理结构。社区党工委主要承担总揽全局、协调各方的职责,党工委由

① 王永香,李景平.中国城市社区管理体制改革的未来走向——以安徽"铜陵模式"为例 [J].华东经济管理,2013(3):4.

5~9 人组成。社区公共服务中心统一设置综合事务、民政事务、人口计生、综治维稳信访、文明创建、社会保障、经济服务等专业服务窗口，接受社区党工委和社区居委会的统一领导和管理，对进驻社区的事项实行"大厅式"审批和"一站式"集中办理。原有街道办的工作人员全部下沉到社区，保留身份不变、职级不变、待遇不变，逐步过渡到同一机构、同一单位、同类人员实现统一管理、统一待遇。

需要正视的是，随着改革逐步推进，过多的行政事务一度让铜陵市各个社区不堪重负。为厘清政府职责和居民自治边界，2014 年，铜陵市连续出台文件，在全市社区开展"减负增效专项行动"，退出或不予准入 128 项社区不应承担的事项，退出率达 51%。

复习思考题

1. 个人思考题。

（1）我国的社区管理存在哪些问题？

（2）铜陵区直管社区的做法是否具备可复制性和推广性？

2. 小组讨论。结合案例背景，通过分组讨论运用 5W2H 模型分析研究青岛市市北区浮山后社区改革、南京市白下区淮海路街道管理体制改革、北京市石景山区鲁谷社区改革、贵阳市城市管理体制改革、铜陵市社区综合管理体制改革的"为什么改（why），改了什么内容（what），改革效果如何（how much），涉及哪些利益主体（who）"等问题。

3. 诊断性总结。请结合案例思考，青岛市市北区、南京市白下区、北京市石景山区、贵阳市为什么在撤销街道办事处后又恢复了街道办事处？从中可以得到哪些启示？

第 4 章

城市政策专题

城市政策是城市管理的重要途径和工具，城市管理需要借助政策手段实现对经济、社会的有效调控。其中，对政策问题的有效识别是政策手段的开端。理解并掌握城市政策的含义及城市政策问题的确认等问题是理解城市政策的关键。本章内容包括四部分：一是阐述城市政策的含义；二是阐述城市政策问题确认的影响因素；三是阐述城市政策制定的主体；四是以中国计划生育政策变迁、网约车合法化等案例分析城市政策的影响。

4.1 城市政策的含义

城市政策是城市管理的重要途径和工具，城市管理需要借助政策手段来实现对经济和社会的有效调控。城市政策可以分为全国性、区域性和地方性的城市政策。全国性的城市政策由中央政府制定，通常涉及城市收入分配、就业、教育等方面，提供了城市管理的基础性制度安排。区域性的城市政策由上级政府制定，一般涉及地区资源合理利用和区域内各城市的发展定位。地方性的城市政策由本市的公共权力机关制定，涉及城市基础设施和公共服务供给、公共事务管理等活动。

阅读材料

为应对雾霾污染，2013 年，国务院发布《大气污染防治行动计划》，2018 年 7 月，国务院印发《打赢蓝天保卫战三年行动计划》。为响应国家空气质量的行动计划，陕西省制定《铁腕治霾打赢蓝天保卫战三年行动方案（2018～2020 年）及 2018 年工作要点（征求意见稿）》。对标以上方案，2017 年 3 月，西安市人民政府办公厅印发《西安市铁腕治霾·保卫蓝天"1＋1＋9"组合方案（试行)》。

区域性的城市政策，例如，陕西省城市总体规划、陕西省土地管理条例等；2018 年 2 月，国务院和住房城乡建设部印发《关中平原城市群发展规划》，规划范围涉及陕西、山西和甘肃的多个市县，规划期限为 2017～2035 年；2016，国务院印发《长江三角洲城市群发展规划》；2017 年，广东省政府发布了《珠江三角洲地区改革发展规划纲要（2008～2020)》。

共享单车乱象丛生，如共享单车占道现象普遍、企业违规投放、市民不按规定停车等。种种问题已经严重影响到城市公共环境卫生秩序，影响城市正常运行。2017 年 4 月，西安市城市管理局印发了《关于做好"共享单车"停放管理有关工作的通知》；2017 年 6 月，印发了《关于加强人行道上车辆停放管理工作的通知》；2017 年 8 月，再次下发《关于进一步做好共享单车停放管理工作的紧急通知》；2017 年 9 月 14 日，西安市城市管理局出台《共享单车停放管理标准及措施》；2017 年 10 月，出台《西安市鼓励规范互联网租赁自行车发展的指导意见》。

4.2　城市政策问题的确认

城市政策的过程包括政策问题的确认、政策议程的建立、政策目标的建立、备选方案的提出、政策方案的评估、政策方案的选择、政策方案的执行、政策效果的评估、政策内容的调整和政策内容的终结 10 个环节。

其中，首要问题是政策问题的确立。在城市运行过程中，城市问题层出不穷。政府的注意力是一种稀缺资源，并非所有的问题都能引起政府的关注，只有引起政府的注意力，才有可能转化为政策问题。政策问题均需从大量的社会问题中筛选出来，那么，哪些问题会成为政策问题？往往取决于两个方面，即问题属性和严重程度。

4.3 城市政策制定的主体

政策制定主体，也称公共政策主体，是指直接或间接参与公共政策制定的个人、团体或组织。它可以分为官方决策者和非官方决策者。官方决策者是指那些具有制定公共政策合法权利的个人、团体和组织；非官方决策者是指那些参与了公共政策制定过程而自身却不拥有制定公共政策合法权利的个人、团体和组织。

公众参与和民主治理是现代城市治理的基本要求。城市管理必须坚持以人为本，基于现实情形进行决策，致力于满足市民的公共需求。为此，城市管理需要拓展公众参与。公众参与城市治理可减少政府与市民之间的隔阂和误解，提升市民的归属感和责任感。公众参与政策制定可提升市民和社区对政策的理解和接受程度。即使居民反对一项政策议程，公众参与也能提升容忍度。

决策听证、价格听证、民意调查、公众论坛、在线对话、热线电话等，都是公众参与的有效途径。需要指出的是，并非所有的市政决策都必须引入公众参与，有些市政决策由于政策环境特殊，必须通过自上而下的途径作出。研究表明，在以地方为基础的环保决策过程中，公众参与有可能导致环境管制政策的放松。城市政策议程是否应当引入公众参与，关键是要识别公众参与的好处和条件。如果公众参与弊大于利，就只能采取自上而下的决策途径。

4.4　案　　例

4.4.1　案例一：中国计划生育政策变迁[①]

1949 年新中国成立之初，中国总人口为 5.24 亿人。伴随着政治局势的稳定，人民生活水平和医疗条件不断改善，1950~1958 年，中国迎来第一次出生潮，其间年均出生人口约 2100 万人。1955 年 3 月，在中国人口增长过快这个判断的基础上，中共中央发出《关于控制人口问题的指示》，提出要适当地节制生育。

1959~1961 年，中国经历了三年的困难时期，各种生育指标急剧下降。年均出生人口约 1400 万人。到 1961 年，中国总人口达 6.59 亿人。1962 年底，中共中央发出《关于认真提倡计划生育的指示》，提出在城市和人口稠密的农村提倡节制生育。

1962~1975 年是中国第二次出生潮。在此期间，年均出生人口最多超过 2600 万人。这一时期，中国人口增长最快，但过快的人口增长产生了许多相应的问题，中国的计划生育政策做了相应调整。1971 年国务院批转了卫生部军管会、商业部、燃料化学工业部《关于做好计划生育工作的报告》，提出：除人口稀少的少数民族地区和其他地区外，都要加强对这项工作的领导。在当年制定的"四五"计划中，提出"一个不少，两个正好，三个多了"。1973 年 12 月，第一次全国计划生育汇报会提出"晚、稀、少"的政策。"晚"指男 25 周岁、女 23 周岁以后结婚，女 24 周岁以后生育；"稀"指生

---

① 关于"生孩子"的那些政策——中国人口政策演变"编年史"［R/OL］. https：//www. gov. cn/zhengce/2015－02/09/content_2816919. htm，2015－02－19.

育间隔为 3 年以上；"少"指一对夫妇生育不超过两个孩子。

1978 年 3 月，第五届全国人民代表大会第一次会议通过的《中华人民共和国宪法》第五十三条规定"国家提倡和推行计划生育"。计划生育第一次以法律形式载入我国宪法。1980 年 9 月 25 日，党中央发表《关于控制我国人口增长问题致全体共产党员、共青团员的公开信》，提倡"一对夫妇只生育一个孩子"。同月，第五届全国人民代表大会第三次会议通过新的《中华人民共和国婚姻法》，第十二条规定："夫妻双方都有实行计划生育的义务。"

1981～1991 年是中国第三次出生潮。平均每年出生人口约为 2300 万人，接近之前的最高水平。到 1991 年，中国总人口已达 11.6 亿人。1982 年，《中共中央 国务院关于进一步做好计划生育工作的指示》，提出照顾农村独女户生育二孩。1984 年，中央批转国家计生委党组《关于计划生育工作情况的汇报》，提出"对农村继续有控制地把口子开得稍大一些，按照规定的条件，经过批准，可以生二孩；坚决制止大口子，即严禁生育超计划的二胎和多胎"，即"开小口、堵大口"。

2002 年 9 月施行的《中华人民共和国人口与计划生育法》明确规定，国家稳定现行生育政策，鼓励公民晚婚晚育，提倡一对夫妻生育一个子女；符合法律、法规规定条件的，可以要求安排生育第二个子女。

2013 年 11 月，党的十八届三中全会审议通过《中共中央关于全面深化改革若干重大问题的决定》。决定提出，坚持计划生育的基本国策，启动实施一方是独生子女的夫妇可生育两个孩子的政策，逐步调整完善生育政策，促进人口长期均衡发展。

2015 年 10 月 29 日，党的十八届五中全会公报提出，促进人口均衡发展，坚持计划生育的基本国策，完善人口发展战略，全面实施一对夫妇可生育两个孩子政策，积极开展应对人口老龄化行动。

2021 年 5 月 31 日，中共中央政治局召开会议，会议指出，进一步优化生育政策，实施一对夫妻可以生育三个子女政策及配套支持措施，有利于改善我国人口结构、落实积极应对人口老龄化国家战略、保持我国人力资源禀赋优势。

复习思考题

1. 个人思考题。

（1）结合案例分析，促使人口问题提上政策议程的因素有哪些？

（2）计划生育政策对哪些主体产生了影响？

2. 小组讨论。结合案例和我国现实情况进行分析，我国计划生育政策变迁的原因是什么？可能会产生什么样的结果？

4.4.2　案例二：网约车合法化

2016 年 7 月 28 日，国务院新闻办公室举行发布会，交通部、公安部、国家质检总局等部门有关负责人介绍了《关于改革推进出租车汽车行业健康发展的指导意见》《网络预约车汽车经营管理暂行办法》（以下简称《暂行办法》）的相关情况。2015 年 10 月 10 日，两文件公开征求意见，发布会公布修改后的正式实施内容。

《暂行办法》是全球第一个国家层面的网约车监管法规。目前，国际上对网约车管理尚未形成一致意见，德国、法国、西班牙、日本、新加坡等大多数国家和城市禁止其发展，美国不同的州也实行不同的管理策略。《暂行办法》在网约车、平台等监管方面的具体规定如下。

（1）平台公司许可条件及程序方面。在许可条件上，对网约车平台合理放宽限制，不要求自有车辆，以适应其轻资产运行特征。在许可程序上，实行"两级工作、一级许可"，对线上服务能力由注册地省级相关部门一次认定，全国有效。既能满足网约车本地化服务的要求，也可适应互联网跨区域服务的特点。

（2）车辆性质和报废管理方面。明确网约车车辆登记为"预约出租客运"，属于营运车辆，既体现其出租汽车的性质，又反映其新兴业态的特征。考虑到网约车使用强度不比巡游车的特点，为其制定了新的报废标准，即行驶里程达到 60 万公里时强制报废；行驶里程未达到 60 万公里、但使用年限达到 8 年时，退出网约车经营，可转成社会车辆继续使用。

（3）劳动合同管理方面。考虑到平台与驾驶员签订劳动合同可能影响一些兼职司机从事网约车运营，《暂行办法》明确，平台公司可根据工作时长、服务频次等特点，与驾驶员签订多种形式的劳动合同或协议，以满足网约车的灵活用工需求。

（4）价格机制方面。《暂行办法》提出，网约车实行市场调节价，城市人民政府认为有必要实行政府指导价的除外。

（5）车辆和驾驶员许可申请方面。《暂行办法》未设定申请人要求，给平台公司集中办理车辆和驾驶员许可申请、加强对车辆和驾驶员的管理政策空间。网约车新规为了规范运营、防范风险、加强监管，也对网约车平台、车辆、驾驶员等提出了相应的准入与约束条件。

在网约车平台性质上，认定网约车平台公司不仅提供信息撮合匹配服务，还直接组织车辆运营、分配工作任务、确定服务价格、制定服务标准、决定收益分配、实施驾驶员管理和服务评价等，客运服务承运人需要承担承运人责任。

在驾驶员准入上，针对网约车灵活性高、管控难度大等特点，设定了比较严格的准入条件，以最大限度维护公共安全。具体来看，网约车驾驶员除满足驾驶资历条件外，还应满足无交通肇事犯罪记录、无危险驾驶犯罪记录、无吸毒记录、无饮酒后驾驶记录、无暴力犯罪记录等条件。

在车辆准入上，明确网约车车辆应为 7 座及以下乘用车，安装具有行驶记录功能的车辆卫星定位装置、应急报警装置，且车辆的技术性能符合运营安全相关标准的要求。

在信息安全保护上，提出多项规定：一是明确乘客对网约车平台公司信息采集目的、方式和范围的知情权；二是网约车平台公司对所采集信息的使用，必须符合其服务目的，不得超范围使用，除国家机关依法调用外，不得向第三方提供相关信息，不得泄露事关国家安全的敏感信息；三是规定网约车经营者采集个人相关信息和生成的相关业务数据必须在中国存储和使用，不得流向国外。

复习思考题

1. 个人思考题。

（1）结合案例分析，促使网约车合法化问题提上政策议程的因素有哪些？

（2）网约车新政对哪些主体产生了影响？

2. 小组讨论。在网约车新政案例中，政策利益的相关主体可以归纳为官方主体，即政府、城市交通管理部门（监管者和执法者）；非官方主体即专车平台、专车司机、出租车司机、乘客（普通公众）等。他们对待网约车的各自态度和诉求是什么？存在怎样的冲突？

3. 诊断性总结。政府和市场在网约车治理中应分别承担何种角色？如何处理二者关系？

4.4.3　案例三：城市中的大树：不只是风景

4.4.3.1　南京市绿评风波①

南京由美国建筑师亨利·墨菲（Henry Murphy）在 20 世纪 20 年代末进行整体规划设计，此后一直以其独特的花园城市之美而闻名（Cody，2001）。梧桐树早在 80 多年前就作为主要行道树屹立在近 80% 的主街道边，也成为这个城市社区的独特环境元素。然而，从 90 年代起，南京繁茂的行道树被认为阻碍了道路拓宽并且不利于各种工程建设。在近 20 年

---

①　西湖的柳树、南京的梧桐，为啥不能砍［R/OL］. https：//m. thepaper. cn/baijiahao_18151243，2022 – 05 – 18.

中，树龄在 60 岁以上的梧桐数量从一万棵减少至不到 3000 棵。

2010 年 2 月，南京市政府开始了雄心勃勃的地铁修建工程，六条铁路线同时开建，其中有四条被承诺于四年内完工。仅三号线一个工程，就有超过一千棵行道大树要被移除，其中大多数是梧桐。

2011 年 2 月 25 日，也就是南京地铁三号线施工队开始在市图书馆前将一批梧桐砍去树冠、放倒在地、露出残根的第二天，一位白领上班族在深受本地欢迎的西祠胡同网站上传了照片与文字，询问有没有人知道这是为了什么。在接下来的三个星期里，传统媒体与新媒体特别是微博发挥了关键的作用，将这个一般情况下容易被市民忽视的行道树问题推动成为全国热门的大众话题，直接提升了它的关注度。社会性媒体也再一次成为组织在线活动与线下抗议的有效工具，从为梧桐系上绿丝带到在市图书馆门前集合"散步"等，最终以市政府推出中国首个处理工程建设与树木保护矛盾问题的城市级公众参与办法，简称"绿评"方才逐渐平息。

根据市政府在 3 月 22 日召开的新闻通气会上的宣布，涉及绿化保护的重大工程在规划设计阶段提前实施公众参与机制和专家咨询机制，邀请规划、建筑、工程、园林等专家和市民代表一起共同组成咨询小组，对工程项目绿化保护进行咨询把关。南京市民由此可以用打电话、发邮件的方式进行参与。南京"绿评制度"的启动，标志着我国公众参与重大建设项目决策开始迈步，也为城市公共项目科学决策提供了范本。而目前，公众参与公共项目决策要变成"日常的民主"任重而道远，理论和实践探索还需进一步深入。

4.4.3.2　西安市友谊路护桐①

1979 年 6 月 23 日《西安日报》，史复亭先生在《林荫道上忆徐步》中

---

① 留住城市记忆 西安上千棵法国梧桐移栽五年后陆续"回家"［R/OL］. https：//m. thecover. cn/news_details. html？from = web&eid = RS1F8FY1NhY＝，2020 – 12 – 23；离开 5 年，西安友谊路千余棵法国梧桐树即将"回家"［R/OL］. https：//m. thepaper. cn/baijiahao_10005898，2020 – 11 – 16.

写道："西安为何种不好树？有种观点认为，西安地区天气干燥、土质不适。市长亲领团队、事必躬亲，考察本土和外地情况，核心原因是树种选择不对，未因地制宜。"当时，西安第一次引进包括梧桐树、雪松、龙柏、广玉兰和红梅等十多种树木花草，确定"国槐、雪松、梧桐树和白杨"等作为绿化核心树种，西安"市树"亦因此诞生。

2015 年底，西安地铁 5 号线即将施工。地铁 5 号线主要经行的城区范围，要全线迁移大树 1846 棵，其中，"西安最美的林荫大道"——友谊路，要迁移 1025 棵梧桐树。在社会各界努力下，2015 年 10 月 29 日在西安市政府相关会议上，确定友谊路梧桐树移植从 1025 棵降至 448 棵；同时，待地铁 5 号线投用后，让它们"回家"。

复习思考题

1. 个人思考题。

（1）南京"绿评"制度对公共项目决策有何启示意义？

（2）当前我国公众参与公共项目决策受哪些主要因素制约？

2. 小组讨论。请将学生随机分为 6 个小组，分别代表政府官员、专家学者、外地游客、市民代表、护绿 NGO、新闻媒体代表，讨论主题"城市树木是否移树由谁说了算？"（各小组针对其他小组观点进行提问，被提问小组给予回答并派代表阐述观点，可以多问多答，问答发言次数将计入讨论成绩）。

3. 诊断性总结。结合南京、西安围绕城市树木所发生的一系列事件，谈谈你对公众参与公共项目决策有哪些建议？

第 5 章

城市政府规制专题

城市政府介入经济活动的方式有公共财政、政府采购、政府规制等。其中，城市政府规制是政府介入公共经济活动的重要方式之一。理解并掌握城市政府规制的概念和作用，是理解政府经济活动的关键。本章内容包括三部分：一是阐述城市政府规制的概念、特点和种类；二是阐述城市政府规制的作用和趋势；三是以"双减"政策作为案例分析政府规制的影响及必要性。

5.1　城市政府规制概述

5.1.1　城市政府规制的概念

城市政府规制，是指在法治的制度框架下，城市政府的有关部门为矫正市场失灵和维护社会多元利益平衡，对微观经济和社会主体实行的直接干预和控制行为。在市场这个"看不见的手"的指引下，城市经济运行过程中，不可避免出现一系列市场失灵的现象，如公共物品在市场条件下无法供给、环境污染造成的负外部性无法追责、垄断行业造成的高价格低效率及城市居民收入差距过大等。在此情况下，城市的正常运行离不开城市政府规制。

5.1.2　城市政府规制的特点

（1）政府规制以市场经济体制为制度前提。在完善的市场经济体制下，私有产权和公共产权受到同等保护。

（2）政府规制是有据可循的管理。城市政府规制必须以政府政策、法规或条例为基础进行管理，政府规制的所有活动都必须具有合法性和合理性。

（3）政府规制具有明确的程序规定性。城市政府规制的政策工具包括货币政策、财政政策、行政命令等，在采取政策工具进行调控时，必须具有明确的程序规定，如计划、实施、结束等阶段。

（4）政府规制具有法定的救济途径和纠错机制。城市政府在规制过程中可能存在过度规制、政策工具运用错误等问题，针对上述问题，城市政府规制具有法定的救济途径和纠错机制，以纠正政府规制过程中的偏差。

5.1.3　城市政府规制的种类

城市政府规制可分为经济性规制和社会性规制两类。经济性规制是为了保障公平竞争、防止资源配置低效和确保市民的使用权利，城市政府通过许可和认可的方式，对企业的市场进入、退出、产品的价格、服务的数量和质量等活动进行限制。经济性规制主要是针对自然垄断行业和公用事业。社会性规制以保障劳动者和消费者的安全、健康、卫生和防止公害、保护环境、保护未成年人、增进社会福利为目的，通过制定一定的标准去禁止和限制特定的企业行为。社会性规制涉及环境规制、交通规制、教育规制、文化规制等领域。

5.2 城市政府规制的作用

5.2.1 完善城市公共物品供给

公共物品具有"非排他性"和"非竞争性"，在市场机制条件下难以供给。为弥补市场的局限性，公共物品应由城市政府提供。纯公共物品和具有自然垄断性的准公共物品应该由政府直接生产并提供，如医院、义务教育等。对于基础设施行业，如道路、桥梁等则可以采取政府授权、企业生产的方式提供。

5.2.2 维护城市社会公平

城市经济部门存在信息不对称、垄断等问题，由此带来了逆向选择、道德风险问题，也会带来生产效率低下、社会创新滞后等问题，因此，政府需要制定政策，规范市场交易行为。城市生活部门还存在收入差距过大等问题，带来了社会不稳定等问题，需要政府制定相应的保障措施，维护社会稳定，促进社会公平。

5.2.3 提高社会福利水平

在市场交易过程中，各个利益主体基于利益最大化原则进行活动，在缺少外部约束的情况下，环境污染、生产假冒伪劣产品等具有负外部效应的活动容易增多。因此，城市政府需要制定行业规范、环境标准等法律法规，用以规范市场主体的行为。

5.3　城市政府规制的趋势

5.3.1　维护多元利益平衡

城市政府规制涉及企业、消费者、政府等多方利益主体，需要兼顾政府、居民、企业主体的利益，维护社会的公平正义。政府规制既不能以行政部门利益最大化为诉求，也不能偏袒利益集团，需要在多元利益要求中寻求平衡，维护多元主体利益平衡。伴随着"善治""治理"等公共管理新概念的兴起，多元主体参与到城市治理过程中。

5.3.2　放松经济性规制

自 20 世纪 80 年代以来，发达国家进行政府规制改革，放松了市场准入和价格管理。具体的方式有：引入竞争、民营化、激励性规制、非对称规制等。

5.3.3　强化社会性规制

随着城市居民生活水平不断提高，城市居民对环境、健康和教育等城市公共事务关注更多。加强社会性规制的措施主要有：制定技术标准，提高社会性规制的规范性；重组社会性规制机构，强化职能配置；扩大公民参与，强化社会监督；等等。

5.3.4　实施成本收益分析

政府规制的提供是有成本的，需要耗费一定的行政和财政资源，才能带来一定的社会收益。因此，政府在进行规制时，必须进行成本收益分析，只有当预期规制收益超过预期规制成本时，政府才能实施规制。

5.3.5　加强对规制者的规制

城市规制管理中，行政机构权限众多，如拥有立法权、执行权甚至一定的自由裁量权。对于企业而言，规制管理很容易产生寻租机会，企业通过游说政府获得非生产性利益。在企业利益输送下，规制者很容易成为受规制者的俘虏，从而偏离公共利益和社会福利目标。加强对规制者的规制有以下途径：以政治权力制约规制权力，以公民权利制约规制权力，以行政改革促进规制改革等。

5.4　案例："双减"政策梳理

5.4.1　国家层面"双减"政策出台

2021 年 7 月 24 日，中共中央办公厅、国务院办公厅印发《关于进一步减轻义务教育阶段学生作业负担和校外培训负担的意见》（以下简称《意见》）。《意见》提出，线上培训机构不得提供和传播"拍照搜题"等惰化学生思维能力、影响学生独立思考、违背教育教学规律的不良学习方法。《意见》要求切实提升学校育人水平，持续规范校外培训（包括线上培训和线下培训），有效减轻义务教育阶段学生过重作业负担和校外培训负担。

2021 年 7 月 30 日，教育部办公厅发布《关于进一步明确义务教育阶段校外培训学科类和非学科类范围的通知》（以下简称《通知》），明确义务教育阶段校外培训学科类和非学科类范围。

2021 年 8 月 11 日，国务院教育督导委员会办公室印发专门通知，拟对各省"双减"工作落实进度每半月通报一次。通报重点是各地作业时间达标学校情况、课后服务时间达标学校情况、学科类培训机构压减情况、违规培训广告查处情况和群众举报问题线索核查情况等。《通知》强调，为加大工作督促力度，推动问题及时整改，国务院教育督导委员会办公室将建立"双减"曝光台，对该落实、能落实而不落实的工作，或经多次通报仍整改不到位的典型问题，直接在媒体上曝光，并依据《教育督导问责办法》启动相关问责程序。

2021 年 8 月 30 日，教育部基础教育司介绍秋季学期中小学教育教学工作时表示，2021 年秋季学期是中小学全面落实"双减"有关部署要求的第一个学期，新学期开学后，义务教育学校要严格执行均衡编班的法律规定，不得以任何名义设置重点班，切实做到均衡配置师资力量。9 月 8 日，教育部办公厅发布《关于坚决查处变相违规开展学科类校外培训问题的通知》。

2021 年 10 月 19 日，教育部召开全国"双减"试点地区工作推进会，会议要求，各试点地区要立足当地实际，针对需要抓紧研究出台相关细化政策，为基层抓落实做好保障。攻坚克难要有新突破，落实好"双减"政策要求，做好学科类培训机构"营改非""备改审"，实行政府指导价，控制作业总量和时长，课后服务经费保障等工作，在关键环节取得实质性突破。

2021 年 11 月 3 日，市场监管总局、中央宣传部、中央网信办、教育部、民政部、住房城乡建设部、国务院国资委、广电总局八部门联合发布《关于做好校外培训广告管控的通知》。严格落实有关政策文件要求，不区分学科类、非学科类，要确保做到主流媒体及其新媒体、网络平台以及公共场所、居民区等线上线下空间不刊登、不播发面向中小学（含幼儿园）的校外培训广告。要集中时间、集中力量对主流媒体及其新媒体、网络平台以及公共场所、居民区等线上线下空间校外培训广告开展全面排查，清理存量、杜绝增量。要综合运用舆论引导、企业自律、行业管理、市场准入、监管执法、社会共治等多种手段，确保"双减"政策要求落实到位。

2021 年 11 月，教育部印发《义务教育阶段校外培训项目分类鉴别指南》表示，下一步，教育部将指导各地抓好落实，从严把关，进一步压减和规范学科类培训，确保"双减"工作取得实效。

2022 年 1 月 5 日，教育部办公厅发布《教育部办公厅关于认真做好寒假期间"双减"工作的通知》。2022 年 2 月 8 日，教育部在其官网发布了 2022 年的工作要点，共有 35 项。"双减"依然是教育部 2022 年工作中的"重中之重"，教育部特别提出要指导各地对于非学科类培训机构的区分，体现公益属性，实现常态化监管，防止出现新的野蛮生长。

5.4.2 省级层面代表性"双减"政策细则

5.4.2.1 北京

北京市确保学生过重作业负担和校外培训负担、家庭教育支出和家长相应精力负担于 2021 年底前有效减轻、两年内成效显著。针对校外培训，学科类培训机构不得占用国家法定节假日、休息日及寒暑假期组织学科类培训。限制机构数量、限制培训时间、限制收费价格；严管内容行为、严禁随意资本化和无序扩张、严控广告宣传。完善学科类培训管理服务平台，动态掌握学科类培训的培训内容、培训材料、教师资质等信息。不得以地方课程教材、校本课程教材等替代国家课程教材，义务教育学校不得使用境外教材。严禁超标超前培训，严禁非学科类培训机构从事学科培训。

5.4.2.2 广东

2021 年 8 月起，广东省各地不再审批新的面向义务教育阶段学生的学科类校外培训机构、面向学龄前儿童的校外培训机构和面向普通高中学生的学科类校外培训机构。对于开展非学科类培训机构，各地教育行政部门参照相关要求进行审批，发放办学许可证，确保证照齐全。依法依规严肃查处以教育文化、教育咨询、教育科技等名义开展学科类培训的校外培训机构。义务教育阶段学科类校外培训机构不得面向学生（含家长）销售周末、寒暑假、国家法定节假日的课程、课时包；已经销售的，根据国家"双减"文件并征求家长意愿，坚决予以清理整顿。

5.4.2.3　成都

从 2021 年 7 月中旬开始，成都各区（市）县就不得再审批新的面向义务教育阶段学生的学科类校外培训机构。7 月 20 日起，成都各校外培训机构不得再收取义务教育阶段学员今后参加国家法定节假日、休息日及寒暑假期的学科类培训费，培训机构应当无条件全额退还学生家长上述费用。对全市校外培训机构的培训内容、教员、学员、缴费等情况实施实名制、大数据智慧管理。支持和鼓励校外培训机构探索"先消费、后付费"的运营模式。

5.4.2.4　郑州

2021 年 8 月 1 日，郑州市教育部门发布通知要求，暑期托管服务一律暂停，要做好家长和学生的引导工作，做好参与志愿服务教师的调适工作。校外培训机构线下培训一律暂停，加强排查、巡查工作，发现一起、查处一起、取缔一起、通报一起，最大限度查处违规培训行为。

复习思考题

1. 个人思考题。

（1）政府规制还存在于哪些领域？这些领域是否存在供需失衡？

（2）结合现实思考，中央及城市政府为什么要对校外培训机构进行规制？

2. 小组讨论。使用利益相关者理论，从学生、家长、教育局等利益主体出发，分析"双减"政策的影响。

3. 诊断性总结。结合材料，分析政府进行社会性规制的必要性。

第6章

城市规划管理专题

城市规划通过确立城市的性质、规模和发展方向，为城市合理利用土地资源、协调城市空间布局和基础设施提供了总体框架。理解并掌握城市规划的含义和作用，了解我国城市规划的现状与发展，是学习城市规划规律的关键。本章内容包括四部分：一是阐述城市规划的含义和特征；二是阐述城市规划的宏观作用和微观作用；三是阐述中国城市规划存在的问题及发展趋势；四是以深圳市城市规划、建水县规划、西安市城市规划等案例分析城市规划对于城市发展的引领作用。

6.1　城市规划概述

6.1.1　城市规划的含义

城市规划，是为了合理利用城市土地和协调城市空间布局，而对城市的性质、规模、发展方向以及各项建设进行的合理选择和综合部署。城市规划是一项复杂的系统工程，它广泛涉及经济、政治、生活、环境、教育、文化、科学、建筑等多领域，具有综合性。

城市规划的目的在于弥补市场缺陷。城市的兴起和发展是市场经济的结果，在城市运行过程中，市场依然起着重要作用。城市市场经济的发展决定了城市的产业布局、人口分布，进而决定了城市的基本格局。但市场具有缺陷，如城市可能存在无序扩张、浪费土地的现象。因此，城市规划的目的在于弥补市场经济固有的缺陷，纠正市场缺陷的不足。

6.1.2　城市规划的特征

（1）系统性。城市是一个复杂系统，各要素之间相互依存、相互制约。在进行城市规划时，必须对人口分布、经济发展、产业布局、生态环境、基础设施等多个子系统进行统筹考虑，需要兼顾城市经济、社会、环境多重目标之间的协调与均衡。因此，城市规划要求综合利用多个学科的知识和方法手段，也必然要求多个部门的参与和通力协作。

（2）权威性。城市规划由一定的公共选择机制进行制定。城市规划方案一经制定和颁布，就具有权威性和法律效力，所有法人和市民都必须遵守。

（3）战略性。城市规划体现了政府指导和管理城市建设的政策导向。城市规划中的功能分区、土地性质的利用关系到城市的发展定位，关系到城市的性质和发展方向，关系到城市空间形态方面的发展战略，在未来一段时间内都会对城市发展产生深远影响。

（4）阶段性。城市规划并非一劳永逸，伴随着城市化进程的不断加速，城市规划需要根据城市发展需求，进行修改和补充。

（5）区域性。不同城市的生产力水平、产业结构、区位条件和资源禀赋不同，因此在进行城市规划时，应根据城市的差异性，因地制宜制定规划方案，打造城市特色，形成城市独有的品牌与形象。

6.2　城市规划的作用

6.2.1　城市规划的宏观作用

（1）从城市建设上保持经济发展。城市规划首先明确了城市性质，确定了城市的主要职能和主导产业，并确定了主导产业和辅助产业之间的关系。进一步地，城市规划需要从用地、建筑、区域等方面布局主导产业和辅助产业，主导产业和辅助产业的发展均离不开基础设施。基础设施的部署和建设，是城市建设和发展的重要组成部分。

（2）城市规划引领城市发展。城市规划明确指出未来 10～20 年城市的性质、发展目标和发展规模，进而通过产业布局、基础设施建设引领人口分布和用地规模，引领城市的发展方向。科学的城市规划，有利于提高城市的综合效益，减少城市资源的浪费。

（3）提高市民生活水平。城市规划通过指导产业设施、基础设施和生活设施建设，满足城市居民的需求，提高城市居民生活水平。公共绿地、道路、居民的住房阳光权利和住宅区的其他公共服务设施，是市民生活质量的基本保障。图书馆、公共体育场地和设施、公共卫生设施的规划和建设，需满足城市居民日益增长的物质文化生活需求。

6.2.2　城市规划的微观作用

（1）促进城市土地资源的合理配置。城市总体规划确定了城市不同区域的功能和土地利用的主要方向；详细性规划则确定了土地的用途、容积率等详细指标。城市规划促进了土地合理配置，还表现在产业发展在城市的合理布局。另外，城市规划还确定了城市公共用地和商业用地的比例和具体位置，促进了城市环境保护、城市功能完善和城市经济发展战略，达到城市可持续发展的目标。

（2）确定城市公共物品的提供。城市提供了众多公共物品，如城市道路、公园、市政管网、博物馆、义务教育阶段的学校等，保障了城市的正常运行。但是，从财政能力及公平性角度出发，政府不可能提供所有的公共物品，如何确定公共物品和私人物品的界限，成为政府部门的主要工作。城市规划则提供了解决这一问题的思路。城市规划部门通过对各类城市设施的服务对象和性质分类判断城市设施是属于公共物品还是私人物品，以确定投资主体，为政府投资公共物品提供依据。

（3）降低交易费用，减少寻租行为。城市规划是政府与土地使用者之间的技术服务机构，评断双方的用地条件，降低土地出让过程中的交易费用，提高社会经济运行效率。随着城市规划的逐渐精确，土地的用途和容积率等一些基本控制要素得以科学确定，使土地出让的透明度增加，减少了土地管理过程中的寻租现象，提高了办事效率。

6.3 中国城市规划的现状与发展

6.3.1 中国城市规划存在的问题

（1）城市规划编制内容的科学性、协调性不强。城市规划的编制和实施要求有预见性和前瞻性，而科学技术快速更新、城市化进程加速，导致城市原有规划往往跟不上发展的步伐。因此，城市规划需要灵活应对城市的蓬勃扩张趋势。

（2）城市规划管理体系效益低下，公众参与不足。目前我国诸多城市规划信息不全面，传导不顺畅，导致大量的人力、财力、物力受到损失。同时，很多城市规划设置了密级，不利于公众了解规划内容。

（3）规划审批程序烦琐。现实中，相关部门各管一个环节，造成时间浪费，无法保障规划实施的社会效益和环境效益。

（4）缺乏监督。城市的行政规划部门是国家行政权的执掌者，如果不能充分使用规划管理能力，将造成行政权力和行政责任的脱节。

6.3.2　中国城市规划的发展

（1）实施科学的规划方法，积极采用先进的科学技术来建造城市。充分利用太阳能、新型材料、保温设施建造符合环保、节能、减碳的现代城市建筑。同时加强管理，保证城市设施干净、美观和完整。

（2）完善城市规划机构设置，提高城市规划的权威和行政效率。政府在规划编制管理方面要加强对城市的战略控制，加强整体管理，将技术性较强的专项规制交给社会专业机构。同时要尽可能缩短审批周期，保证规划的实效和权威。

（3）健全城市规划的监督机制，发挥公民的参与权利。我国城市规划监管机制不完善，规划建设在用地、建设、准入、使用、监管等方面存在违法乱纪行为。除加强法规监督外，还必须加强公众监督。

（4）强化生态城市建设和理论研究。随着经济发展和人们环保意识的提升，环保公园、科技文化成为居民的一种选择。强调从生态城市的发展角度，挖掘潜力和机会，优先进行因地制宜的研究分析，将会创建城市规划的可持续发展模式。

6.4 案　　例

6.4.1 案例一：深圳市规划引领发展

"凡事预则立，不预则废。"2014 年，习近平总书记在北京考察工作时指出，城市规划在城市发展中起着重要引领作用，考察一个城市首先看规划，规划科学是最大的效益，规划失误是最大的浪费，规划折腾是最大的忌讳。① 目前，深圳市全市下辖 9 个区，总面积达 1997.47 平方千米，建成区面积 927.96 平方千米，2020 年全市常住人口 1756.01 万人。深圳市能够发展成为今天美丽、宜居的特大城市，城市总体规划起着决定性的作用。

深圳市被称为"一个基本按照规划建设起来的城市"。早在经济特区起步之时，深圳就十分重视城市规划，坚持以规划为龙头，指导整个城市的建设和发展。1980 年，深圳市出台的《深圳市经济特区城市发展纲要》非常清晰地确定了未来城市中心区的选址范围和基本格局，并进行了完整科学的规划。经过 40 多年的发展，深圳市先后编制和修订过多次城市总体层面的规划和发展策略，而其中最有影响力、对引导城市发展具有显著作用的是弹性规划的 1986 年版《深圳经济特区总体规则》（以下简称"1986 版总规"）、全域规划的 1996 年版《深圳市城市总体规划（1996—2010）》（以下简称"1996 版总规"）以及转型规划的 2010 年版《深圳市城市总体规划（2010—2020 年)》（以下简称"2010 版总规"）。这三轮城市总体规划都以超前的规划理念，全面引领了深圳这座城市健康有序地发展。

---

① 中共中央党史和文献研究院. 习近平关于城市工作论述摘编［M］. 北京：中央文献出版社，2023：74 - 75.

20 世纪 80 年代中期开始，深圳市经济快速发展，城市规划日益重要。在这一背景下，"1986 版总规"应运而生，提出了构建富有弹性的"带状多中心组团结构"，超前布置机场等重大设施，正是这一轮城市总体规划，为城市往后的建设和蓬勃发展奠定了良好的弹性构架基础。

20 世纪 90 年代之后，深圳城市发展进入新的阶段，面临的环境与形势也发生了重大变化。"1996 版总规"第一次将规划范围扩展至全市范围，无论在空间布局、用地规模、生态环境方面，都为深圳市内外一体化发展打下了坚实的基础，使城市规划能够适应城市社会经济发展的多种可能性。这一版总规荣获国际建协 UIA 大奖，是中国和亚洲唯一获此殊荣的规划。

随着告别大规模大开发的建设阶段，深圳逐步从增量时代迈入存量发展时代，各地区现状条件、发展定位、建设阶段等存在的差异日渐显著。在此背景下，为提供新时期深圳市成功转型的空间指引，深圳启动了新一轮总体规划修编，并在国内率先提出了城市转型。作为一个转型的规划，"2010 版总规"提出向内涵发展要空间。这个理念最大地体现在用地模式上。为解决土地资源紧张的难题，"2010 版总规"提出由以往增量扩展转向存量优化和调整，存量优化调整主要是通过城市更新和土地整备来完成，城市更新规模超过新增用地规模。同时，将节能减排、绿色、低碳理念落实到规划内容之中。

2021 年 6 月，《深圳市国土空间总体规划（2020—2035 年）》颁布。这版总体规划明确将"创新创业创意之都，和美宜居幸福家园"作为 2035 年的城市愿景。根据规划草案，深圳将持续优化"多中心、组团式、生态型"的城市空间结构，深入实施"东进、西协、南联、北拓、中优"的发展战略，形成"一核多心网络化"的城市开发新格局。"一核"即为都市核心区，以福田、罗湖、南山和前海深港现代服务业合作区为基础，将宝安区的新安、西乡街道，龙华区的民治、龙华街道，龙岗区的坂田、布吉、吉华和南湾街道等区域纳入都市核心区范围，促进都市核心区扩容提质，承担大湾区核心引擎功能，成为集中体现深圳高质量发展和国际化功能的中央智力区、中央活力区；"多心"是指打造 12 个城市功能中心和培育 12 个城市功能节点；"网络化"则是促进全市各城市功能中心和城市功能节点之间的各类资源要素高效便捷流动。

复习思考题

1. 深圳三次总体规划关注的焦点问题有什么变化？请分析产生变化的主要原因。

2. 深圳提出非用地增长的内涵式发展模式，有哪些借鉴意义？

6.4.2 案例二："建新街"上建新街①

1999～2002 年，云南省建水县在建新街上拆除历史建筑新建仿古街，引起社会各界的广泛关注。建水古城位于云南省红河哈尼族彝族自治州建水县，始建于唐元和年间，拥有汉族和少数民族融合而积累下来的丰富的历史文化资源。其中，建新街是建水古城中文物古迹较为集中的一条街，全长约605 米，分布着许多文化保护单位和传统民居，规模巨大的清代居民群、清式四合院等分布其中，具有重要的历史、文化、艺术价值，是古城中值得倍加珍惜的历史街区。随着地方经济发展，古城内改建、加建、翻建现象增多，保护与发展之间的矛盾不断扩大。

1999 年，建水县政府对其中一处民居进行翻新改造后，又决定引入开发商，将建新街拆除后改造为仿古商业街。随后，县政府召开了由少数干部、专家和开发商代表参加的论证会，并发布了动迁通知书和改造建设方案，决定"将建新街改造成清式风貌街"。1999 年 11 月至 2002 年底，建新街 24 栋

---

① 张凌云，张晓松. 建水建新街事件的反思 [J]. 创造，2003（1）：2 - 5.

古建筑全部被拆迁，并开工新建新建筑。在此期间，当地住户、老干部和群众对此反应强烈，并不断通过各种方式反对这一拆迁行为。随后，多家新闻媒体先后采访和报道了此事，并对地方政府和开发商、施工单位的强拆强建行为进行了曝光。

随后，建水县委县政府下令停止拆建。云南省政府提出整改要求，由州人民政府和建水县人民政府负责对《建水县历史文化名城保护规划》进行调整完善，对重点片区作出详细规划。经过一番大拆大建之后，原本错落有致的沿街建筑变成了毫无历史价值的仿古街，原有的真实古朴、亲切宜人的历史街区荡然无存。仅有为数不多的残存的"钉子户"还能让游客感受到一点儿历史的影子。数百年来保留下来的货真价实的历史遗迹，数月间就变成了钢筋水泥筑成的假古董，教训十分深刻。正确处理保护与发展之间的关系，特别是在历史街区、传统民居保护中，探索一条持续、有效的保护和发展道路，一直是保护工作的重点和难点。

复习思考题

请结合案例进行思考，大兴仿古街有利于历史文化名城的保护吗？我们应从本案例中吸收哪些教训？现实中应该如何处理历史文化名城保护与经济发展之间的关系？

6.4.3　案例三：西安市城市规划与古城保护

第一次城市总体规划（1953～1972 年）。20 世纪 50 年代，西安市第一次城市总体规划：将城市的性质确定为以轻型精密机械制造和纺织为主的工业城市。初步确定了西安的功能分区中心为商贸居住区，南部为文教区，北部为大遗址保护区和仓储区，东部为纺织城，西部为电工城，中心市区面积为 131 平方千米，人口约 120 万人。

第二次城市总体规划（1980～2000年）。20世纪80年代，西安市第二次城市总体规划：将西安建设成为一座保持古城风貌，以轻纺、机械工业为主，科学、文教、旅游事业发达的社会主义现代化城市。规划突出了西安历史文化名城保护工作，确定了"显示唐长安城宏大规模，保持明清西安的严谨格局，保护周秦汉唐的重大遗址"的古城保护原则。

第三次城市总体规划（1995～2010年）。1995年，西安市第三次城市总体规划：按照"保护古城，降低密度，控制规模，节约用地，优化环境，发展组团，基础先行，改善中心"的规划原则，形成了"中心集团，外围组团，轴向布点，带状发展"的城市布局形态。城市面积约为275平方千米，中心市区面积175平方千米，人口约310万人。

第四次城市总体规划（2008～2020年）。2008年，西安市第四次城市总体规划：优化城区布局，凸显"九宫格局，棋盘路网，轴线突出，一城多心"的布局特色。中心为商贸旅游服务区，东部为国防军工产业区，东南部为生态旅游度假区，南部为文教科研区，西南部为高新技术产业开发区，西部为居住和无污染的综合新区，西北部为汉长城遗址保护区，北部为装备制造业区，东北部结合浐灞河道整治发展成生态旅游居住区。

复习思考题 ─────────────────────────────○

结合案例思考，如何实现经济发展和古城保护协调发展？

第7章

城市基础设施管理专题

城市基础设施是城市功能发挥的重要物质基础，是城市正常运行不可或缺的重要组成部分。城市政府往往面临事权和财权的不平衡，城市基础设施资金来源逐渐多样化，城市基础设施建设和运营民营化成为趋势。理解并掌握城市基础设施的资金来源和民营化趋势成为关键问题。本章内容包括四部分：一是阐述城市基础设施的含义和特征；二是阐述城市基础设施的资金来源；三是阐述城市基础设施民营化的主要形式；四是以港珠澳大桥建设、大理市洱海再生水厂项目、杭州湾大桥项目、西安地铁建设等案例分析城市基础设施民营化的趋势。

7.1 城市基础设施概述

7.1.1 城市基础设施的含义

城市基础设施是保障城市生产和生活顺利进行的各种基础性物质设施以及相关产品和服务的总称，是城市赖以生存和发展的基础。城市中的基础设施一般包括城市能源系统、水源给排水系统、交通运输系统、邮电通信系统、城市生态环境保护系统和城市防灾系统等。

城市基础设施具有建设规模大、成本回收周期长、社会共同受益等特点，是城市社会经济发展的重要基础，是维持城市正常运转的前提条件。

7.1.2 城市基础设施的特征

（1）公用性和公益性。全体市民均可享用城市基础设施，城市中的各种经济和社会活动都离不开基础设施。同时，城市基础设施的外部性和公益性很强，企业和个人可以从中获取巨大收益。

（2）自然垄断性。有些城市基础设施行业如天然气、自来水、用电等需要进行大规模的管道或网络建设，初始投资规模巨大，具有天然的垄断性，只能由一家企业进行经营。如果一定范围内有两家或以上的企业进行前期管道建设，容易造成资源浪费。

（3）成本沉淀性。城市道路、机场、港口等交通设施，给排水管道设施，电信网络铺设等，都需要投入巨额资金。而且，这些资金一经投入就会沉淀下来，无法周转为其他项目所用。

（4）超前性和系统性。城市基础设施一经投产就会长期发挥作用，其建设需要超前性，要预测到未来一定时期的使用需求。

（5）不可移动性。城市基础设施属于固定性物质设施，它一经建成就具有不可移动性。城市公用事业部门所提供的基础设施服务，一般具有区域性市场的性质。

7.2 城市基础设施的资金来源

（1）财政预算。通过一般性税收为基础设施统筹资金，利用财政资金进行基础设施建设。随着市场经济发展，政府的财政预算内资金在城市基础设施投资中所占的比重逐年减少。

（2）银行贷款。公共部门贷款以政府信用为基础，主要表现为政府借款、财政担保，或者以政府所有的城市土地等公共资源做担保。

（3）市政债券。市政债券也是筹集城市基础设施建设资金的一种有效方式。对于收益不足以偿还债务的建设项目，如文化中心、会展中心等，城市政府通过特定的销售税、财产税等结合起来偿债。

（4）城市经营。通过对城市政府掌握的一些公共资源进行市场化运作，获取一定的收入进行基础设施建设。城市政府可通过国有土地出让和批租、出租车牌照拍卖、户外广告拍卖等方式筹集基础设施建设资金。

（5）使用者付费。消费者在获得基础设施服务的同时，需要缴纳一定数量的费用。有些城市基础设施及其服务，可通过收费方式筹集建设资金，实行不消费不付费，多消费多付费。

（6）民间资本。按照"谁投资、谁受益、谁承担风险"的原则，支持、鼓励和吸引民间资本参与基础设施建设和运营。城市政府可利用优势项目，吸引私人资本投资基础设施。

7.3　城市基础设施民营化的主要方式

（1）建设—转让模式（build-transfer，BT）也称委托运营模式，是指政府进行城市基础设施建设，建成后委托私人部门进行运营管理和相关资源开发。私人部门或其联合体通过政府发布的竞标合同进行竞标，政府则通过市场机制选择合适的社会资本进行合作。在 BT 模式下，政府拥有对基础设施的所有权，社会资本或其联合体拥有运营权、管理权，承担专业化的管理，并接受政府的监督。

（2）建设—经营—转让模式（build-operate-transfer，BOT）诞生于 20 世纪 80 年代，自出现之日起，受到各方追捧，为许多国家广泛采用。BOT 模式是政府以长期的特许经营权换取企业融资建设经营基础设施的一种投资方式。该模式以政府和企业达成的协议为基础，由政府向企业颁发特许状；根据合同协议，私人部门负责基础设施的建设和运营，在合同期内私人部门可以向用户收取费用取得收益，合同期满后则将基础设施项目移交给政府，转由政府指定的机构进行经营和管理。

（3）转让—建设—转让模式（transfer-operate-transfer，TOT）衍生于BOT 模式。基础设施项目所有者（政府）将已经建成的项目在一定期限内的经营权转让出去，投资方主要通过对项目的经营管理获取收益，而融资方（政府）则可一次性获取大笔资金，便于投入新的项目建设中，约定期限一到，经营权移交归还给项目所有者。TOT 融资模式可有效盘活国有资产存量，各大城市利用 TOT 模式进行基础设施建设（如公路、桥梁、水电等项目）也逐渐增多。

（4）建设—转让—经营模式（build-transfer-operate，BTO）指政府授予基础设施项目建设特许权的投资方法，按照一定的法定程序组建 BT 项目公司，由该项目公司进行投资融资及项目建设，在双方规定的时间内完成项目建设且在项目竣工后按照约定将建设好的项目移交给政府，最终由政府部门支付项目投资成本。根据该模式，项目建成后主要由政府负责经营并获取收益，私人经济部分的投资回报率较低，因此 BTO 模式主要适用于非经营性的公益事业（如学校、医院）、城市市政工程（如道路、隧道、桥梁及地铁）等公共基础设施项目。

（5）资产支撑债券化（asset-backed securitization，ABS）是目前国际市场上发展最快捷最有活力的资产证券化方式。ABS 是以非住房抵押贷款资产为支撑的证券化融资方式，主要包括汽车消费贷款、学生贷款证券化、设备租赁费证券化、基础设施收费证券化及知识产权证券化等。该模式主要是作为 PPP 模式的补充，PPP 模式在现实运作中出现了诸多问题，如项目周期长、投资回报率低、风险大等，ABS 的推出则是为了进一步解决 PPP 模式中出现的诸如此类的问题；可将 ABS 模式视为实现 PPP 项目建设期首轮融资后再融资或退出的重要金融工具。

（6）工程总承包模式（engineering procurement construction，EPC）又称设计、采购、施工一体化模式，是指在项目决策阶段以后，从设计开始，经招标，委托一家公司对设计、采购、建造进行总承包。在这种模式下，按照承包合同规定的总价或可调总价方，由工程公司负责对工程项目的进度、费用、质量、安全进行管理和控制，并按合同约定完成工程。

7.4　案　　　例

7.4.1　案例一：港珠澳大桥助力粤港澳大湾区高质量发展

总长约 55 千米的港珠澳大桥是粤港澳三地首次合作共建的超大型跨海交通工程，设计使用寿命 120 年，总投资 1200 亿元。大桥于 2003 年 8 月启动前期工作，2009 年 12 月开工建设，2018 年 10 月开通营运。

港珠澳大桥东起香港国际机场附近的香港口岸人工岛，向西横跨南海伶仃洋水域接珠海和澳门人工岛，止于珠海洪湾立交；主桥 29.6 千米、香港口岸至珠澳口岸 41.6 千米；桥面为双向六车道高速公路，设计速度 100 千米/小时。大桥主体工程由粤、港、澳三方政府共同组建的港珠澳大桥管理局负责建设、运营、管理和维护，三地口岸及连接线由各自政府分别建设和运营。

除三地口岸及连接线建设由粤、港、澳三方政府投资完成外，大桥主体采用"政府全额出资本金，资本金以外部分由粤港澳三方共同组建的项目管理机构通过贷款解决"的融资方式，待大桥建成后实行收费还贷。

港珠澳大桥采用"自行营运模式",主要包括:(1)收费管理,大桥全线设置 1 处主线收费站,双向共 20 条车道,所有车道均支持 ETC 收费和 MTC 收费功能。(2)监控管理,采用粤港澳三地联动监控,加强三地信息交互,实现监控数据实时共享。(3)土建养护,实现养护、应急、服务、管理"四位一体"。(4)路政管理。(5)综合救援。(6)综合开发,大桥营运初期利用项目地理位置优势,开展广告、通道租赁等经营业务,将争取三地政府的充分授权,逐步实施包含旅游、技术咨询、商业开发等多种形式的综合开发策略。

港珠澳大桥建成通车后,香港、澳门、珠海三地的人流、车流、物流更加紧密地联系在一起,粤港澳大湾区内要素流动得到极大便利,发展空间更加广阔。

复习思考题

结合案例,分析城市基础设施对城市发展的作用。

7.4.2 案例二:大理市洱海再生水厂绿色 PPP 项目[①]

洱海是云南九大高原淡水湖泊之一,流域面积 2565 平方千米,入湖河流 117 条,涉及大理市、洱源县 16 个乡镇,约 83.3 万人。由于洱海周边农业面源污染严重、环湖截污系统建设不完善、已有污水处理设施规模小且运行不稳定等原因,洱海的环境承载力及水质呈不断下降的趋势,处于关键的、敏感的、可逆的营养状态转型时期。经科学论证,大理州、市人民政府决定实施大理洱海环湖截污 PPP 项目。

---

① 竞争性磋商采购社会资本破解资金难题,环湖截污项目建设与监管双管齐下 [R/OL]. https://sthjt. yn. gov. cn/ywdt/xxywrdjj/202104/t20210415_222079. html, 2023 – 10 – 31.

大理洱海环湖截污 PPP 项目是财政部第二批 PPP 示范项目，按照"依山就势、有缝闭合、管渠结合，分片收处、集中处理、一次规划、分步实施"的原则，沿洱海在挖色、双廊、上关、湾桥、喜洲、大理古城新建了 6 座下沉式污水厂；在环洱海东岸、北岸、西岸铺设污水管（渠）约 231 千米，建成污水提升泵站 11 座，尾水提升泵站 3 座，塘库（梨花潭塘库）1 座。

2015 年 10 月 29 日，按照"利益共享、风险共担、长期合作、肝胆相照"的原则，由代表政府方的大理洱海保护投资建设有限责任公司（出资 0.6 亿元，占股权投资比例的 10％）与中国水环境集团有限公司（出资 5.7 亿元，占股权投资比例的 90％）合资组建 SPV 公司，即大理洱海生态环境治理有限公司，由 SPV 公司负责项目的实施。

污水处理厂采用 BOT（建设—运营—移交）模式，合作期限 30 年（含 3 年建设期），运营期内政府方按既定污水处理服务单价和处理量向项目公司支付污水处理服务费，本项目初始污水处理服务费单价为 1.1 元/立方米。污水收集干渠、管网、泵站采用 DBFO（设计—建设—融资—运营）模式，合作期限 18 年（含 3 年建设期）。政府采用购买服务的方式，向项目公司支付政府购买服务费，分为可用性付费和运营维护费，政府依据"一次考核、分期支付"的原则，根据可用性绩效考核和截污干管（渠）工程运营维护的绩效考核结果，每年向项目公司支付政府购买服务费年付金额的 85％，并建立付费调价机制，其中运营维护"依效付费"占政府购买服务费的 15％。

项目建设资金按协议由社会投资人融资筹集，政府在项目建设中只做协调、统筹、监管等工作，不直接参与项目建设和资金筹集。2017 年 6 月，项目公司与国家开发银行签订贷款协议，取得 22.8 亿元项目贷款资金。贷款期限 18 年，并给予了基准下浮 10％ 的贷款利率优惠，融资全额用于大理市洱海环湖截污 PPP 项目建设。2018 年 1 月 8 日，国家开发银行 22.8 亿元项目贷款资金已全部到位，为项目有序推进提供了资金保障。

大理洱海环湖截污 PPP 项目是一项功在当代、利在千秋，造福子孙后代的基础性工程，该项目投入运营后被住建部评为"十三五"国家水专项成果转化示范基地。

复习思考题

结合案例，你认为港口应该是由政府还是市场来提供，哪种方式更适合我国现在的发展？

7.4.3 案例三：杭州湾跨海大桥 PPP 项目①

杭州湾跨海大桥是浙江省境内连接嘉兴市和宁波市的跨海大桥，于 2008 年 5 月 1 日通车运营。大桥线路总长 36 千米，桥梁总长 35.7 千米，桥面为双向六车道高速公路，设计速度 100 千米/小时。

出于对预期效益的乐观评估，杭州湾跨海大桥一度吸引了大量民间资本，17 家民营企业以 BOT 形式参股杭州湾大桥发展有限公司，让这一大型基础工程成为国家级重大交通项目融资模板。然而现在投资入股的民企又纷纷转让股份，退出大桥项目。地方政府不得不通过国有企业回购赎回了项目80% 的股份。通车 5 年后，项目资金仍然紧张，2013 年全年资金缺口达 8.5 亿元。而作为唯一收入来源的大桥通行费收入全年仅为 6.43 亿元。按照 30 年的收费期限，可能无法回收本金。

项目失败原因分析如下：首先，《杭州湾跨海大桥工程可行性研究》预测到 2010 年大桥的车流量有望达到 1867 万辆，但 2010 年实际车流量仅有1112 万辆，比预期少了 30% 以上。严重的预期收益误判导致民企决策错误。

---

① 高璐. PPP 模式在基础设施建设中的应用案例研究——以杭州湾跨海大桥项目为例 [D]. 广州：暨南大学，2017.

其次，大桥项目从规划到建成的 10 年间多次追加投资，从规划阶段的 64 亿元到 2011 年的 136 亿元，投资累计追加 1 倍还多，参股的民企已先期投入，只能继续追加，最终被"套牢"。最后，2013 年嘉绍大桥通车对杭州湾大桥是"雪上加霜"，接下来，杭州湾第三跨海工程钱江通道在 2014 年底通车，另外，宁波杭州湾大桥、舟山—上海跨海高速、杭州湾铁路大桥等项目也已纳入地方或国家规划，未来车流量将进一步分流，合同与规划严重冲突令项目前景更加黯淡。

复习思考题

1. PPP 项目运行过程中存在哪些风险？

2. 哪些基础设施项目适合 PPP 模式？城市基础设施建设中，推行 PPP 模式应该注意哪些问题？

7.4.4　案例四：西安地铁 PPP 项目[①]

2017 年 1 月，西安地铁宣布西安采用 PPP 模式建设的第一个地铁项目——西安地铁 9 号线开工，规划建设周期为 2016 年 12 月至 2020 年 9 月。在西安市已建成或者正在规划建设的地铁线路中，地铁 9 号线是首个采用 PPP 模式融资建设的项目。

7.4.4.1　运营主体

在具体的项目实施过程中，市政府指定西安市地铁建设指挥部办公室作为项目的实施机构，由西安市地铁公司具体实施，负责项目各项工作的安排。具

---

① 西安：借力"PPP"模式 提升城市公共服务能力［R/OL］. https：//www.cnr.cn/sxpd/pp/20180520/t20180520_524240090.shtml；西安发布 53 个 PPP 项目总投资 1500 多亿［R/OL］. https：//www.xa.gov.cn/gk/xwfbh/xwfbh/5d49097a65cbd87465a63d1a.html.

体来看，西安市轨道交通集团有限公司作为西安市政府的代表与私人部门（在本项目中主要指代中国中铁股份有限公司）共同注册成立新的项目公司，该项目公司注册资本金为10亿元，其中地铁公司占股40%，社会资本占股60%。

项目公司成立后，按照市地铁办与项目公司共同签署的《西安地铁临潼线（9号线）PPP项目特许经营协议》，项目公司主要负责地铁9号线的投融资、建设维护和后续扩建更新等工作。同时，《特许经营协议》期限为30年，包含建设期4年，运营期26年，PPP项目到期之后，私人部门将地铁9号线项目所有权转交给西安市政府。

项目补贴方面，西安市财政局将对项目公司进行可行性项目补贴，可行性缺口资金纳入西安市财政预算。轨道交通行业监管部门对项目公司进行监管，项目公司获取的所有收入（包括票务收入和非票务收入）在项目结束之后，将全部移交给西安市政府。具体PPP项目运作模式如图7-1所示。

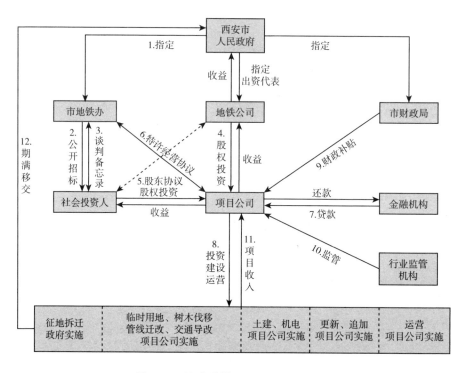

图7-1　西安地铁PPP项目运作模式

7.4.4.2　项目投资和建设

西安地铁 9 号线预计总投资约为 144 亿元。其中，项目资本金约 43.2 亿元，占总投资的比例约为 30%；其余 70% 的投资则由项目公司通过多种投资方式自行解决。项目资本金由西安地铁公司和私人投资部门共同筹资，政府投资为 17.3 亿元，占比约为 40%；私人部门筹资 25.9 亿元，占比约为 60%。

2016 年 12 月，西安市政府公布了地铁 9 号线一期工程 PPP 项目社会投资人中标公告，中国中铁股份有限公司成为地铁 9 号线一期工程私人投资部门。根据协议，项目总投资为 141.89 亿元，该项目的特许经营权期限为 30 年。

项目建设过程中，政府方的主要权利包括：对项目进行的整体监督，制定项目的建设标准，对项目的进度和质量进行监督，制定运行标准，制定和颁布票价等。其义务主要包括：为项目公司运作提供条件支持，允许项目公司取得经营性收入和非经营性收入，给予项目公司财政补贴及风险承担等内容。

项目建设过程中，项目公司的主要权利包括：建设、投资和运营 9 号线工程，享有项目设施永久用地的土地使用权，取得经营性收入和非经营性收入及获得政府的财政补贴，并在投资和运行成本增加的情况下，有权要求政府合理补偿。项目公司的主要义务包括：负责项目的投资、建设和运营，按照比例约定承担项目建设过程中的风险，承担相应的违约责任，接受市政府各个环节的监督，保证施工质量等。

7.4.4.3　项目收益

通过签订合同和协议，项目公司明确了政府和私人投资部门在 9 号线建设过程中、开通运营后的风险分担和经营收益。项目收益主要包括：财政补贴、地铁售票收入、经营性收入等。

一是地铁票务收入。地铁临潼线（9号线）为旅游线路，其实际定价将与其他线路不同。项目公司将以市政府制定的运营票价为基础，获取实际票务收入。对于票务收入的风险，双方的约定为：如果实际票务收入低于基准收入水平，项目公司将按保底经营方式进行清算获得实际收入，收入不足的风险将由政府和项目公司按照约定比例承担。

二是经营性收入。项目公司可依法开发现有地铁资源，进行商业运营，如零售、商铺、广告、移动通信服务、提款机服务及其他商业经营。所获取的营业收入也是项目公司的主要收入来源之一。

三是财政补贴。地铁9号线项目属于准公共服务，项目具有一定的收益能力，但其经营性收入和非经营性收入无法弥补巨额的投入，存在收入的"缺口"。该PPP项目的回报机制拟定为"使用者付费和政府缺口补贴"，按照法律规定，西安市财政将逐年对其进行财政补贴，财政补贴纳入年度财政预算。

复习思考题

1. 地铁建设采取PPP项目形式的原因。

2. 依据案例，描述PPP项目的操作流程。

3. 分析地铁PPP项目的收益来源及风险。

第 8 章

城市危机管理专题

    城市管理系统的变迁和发展，就是在应对不断变化和发展的城市危机过程中实现的。现代城市的性质和功能发生了革命性变化，从而对城市危机管理能力提出了严峻挑战。理解并掌握城市危机管理的概念和阶段等基础理论，有助于理解城市危机管理规律。本章内容包括四部分：一是阐述城市危机的概念和新趋势；二是阐述城市危机管理的四个阶段；三是阐述灾难生命周期理论；四是以 2021 年郑州特大暴雨为案例分析城市危机管理的难点和重点。

8.1　城市危机概述

8.1.1　城市危机的概念

    城市危机是由自然或人为因素引起的，对城市居民的生命财产安全构成威胁，影响城市系统正常运行的突发事件。其中既有城市由于处于一定的地理位置和气候环境等自然条件造成的"天灾"，也有城市社会和经济活动经常遭遇的"人祸"，更有"天灾"和"人祸"相交织。如果处理不当，城市危机的危害扩大蔓延，将殃及周边甚至更大范围的地区。城市危机具有以下特点。

（1）突发性。城市危机往往是在城市居民意识不到，没有准备的情况下突然爆发的。危机的爆发是一个积累的过程，从量变到质变的过程是逐渐积累的，其中蕴含着必然性因素。如果在此过程中，没有重视或有效控制危机过程，危机的爆发在所难免。

（2）紧迫性。城市危机发展迅速，在出现时往往已经造成一定后果，因此必须迅速控制事态发展，要求城市政府及时采取应对措施，缓解、防止事态升级和扩大。因此，城市政府必须迅速决策，即使在有关信息不充分、资源有限的条件下，也要快速果断地决策，否则将会贻误处置危机的最佳时机。

（3）区域性。城市是区域的经济中心，同时也是政治、文化中心，城市具有高度集中性。城市的集中性使城市危机一旦发生就会对城市的正常运行产生巨大影响。城市危机的区域性具有相对性，危机的衍生和扩散可能使在某一城市的危机波及其他城市和地区，转变为跨区域的公共危机。

8.1.2　城市危机的新趋势

现代城市可能发生的危机，在全球化、信息化、市场化等一系列因素的影响下，不断显露出新的特点和发展趋势。

（1）现代城市危机的种类不断增加。现代城市居民对城市基础设施系统和城市服务业高度依赖，使城市在各种灾害面前变得非常脆弱；现代科学技术飞速发展，城市居民享受了丰厚的回报，但同时也潜伏着相应的危机隐患；人类对大自然的过度开发和掠夺性破坏加剧，城市自然灾害的种类不断增加；现代城市成为各种社会矛盾和冲突的聚集点。

（2）城市灾害的规模不断扩大。城市灾害的规模不断扩大对城市及国家所造成的损失不断增加，城市灾害的爆发呈现群发性和整体联动性的新特征。

（3）现代城市灾害波及和影响的范围不断扩大。随着全球化进程加快，国家、区域之间的交流增多，现代城市危机伴随人的流动在地区间的传播速度较快，波及和影响的范围越来越大。

8.2　城市危机管理的四个阶段

城市危机管理过程可以分成准备阶段、反应阶段、恢复阶段及综合防治阶段四个阶段。这四个阶段互为基础，各个阶段的工作内容会有部分交叉。

（1）准备阶段。该阶段的主要目的在于增强社会各单元对抗危机的能力，以保证在应对危机时，人们可以采取最佳反应方式，各项救灾资源也能迅速分配到受灾地区，以减少各种灾难带来的危害和损失。在该阶段，应培养市民的危机反应能力，发展公共职能部门应对意外事件的能力，提高各单位合作的协调性，设计民众撤离灾区的路线，并鼓励市民储备必备物资。

（2）反应阶段。危机反应由灾难发生后人们采取的一系列抗灾行动构成，目的在于减轻灾难危害、安置受灾人员、防止衍生伴随性灾难。

（3）恢复阶段。灾难过后，损害已经造成，各项善后工作必须尽快开展，以恢复正常的城市功能和市民生活。

（4）综合防治阶段。综合防治是危机管理的根本，它由一系列持续性的活动构成，目的在于减少和消除灾难对生命财产造成的长期风险。

8.3　灾难生命周期理论

根据灾难生命周期理论，城市危机管理是一个循环的过程，在"灾难生命周期"的每一个阶段，政府都需要对整个危机管理系统进行必要的指挥和支持。危机管理者对可能发生的危机和灾难进行预备，一旦危机发生则积极应对，帮助人民和组织从灾难中恢复过来，减轻危机和灾难的后果，降低危机带来的损失及预防灾害的发生。

（1）预备阶段。在危机发生之前采取措施发展和提高危机应对与运作能力，主要工作包括准备全面计划，实施人员培训，并设计可能的撤退路线。

（2）应对阶段。在危机发生时采取行动抢救人员，避免人员和财产损失，主要行动措施包括向国民发出灾难警告，实施撤退，提供食物和暂居地，并进行搜救和救援。

（3）恢复阶段。恢复生活支持体系和基础设施服务系统，主要采取的行动措施包括清除废墟，搭建临时房屋，并重建公共设施和家庭住宅。

（4）灾害缓解阶段。采取措施降低未来灾难的影响，减轻灾难的后果，预防未来灾难的发生，主要采取的行动措施包括：实施建筑标准，安装预警装置，并在可能发生洪灾的地区提高建筑水平。

8.4 案例：2021年郑州特大暴雨[①]

8.4.1 灾害情况及主要特点

2021年7月17～23日，河南省遭遇历史罕见特大暴雨。17～18日，降雨过程主要发生在河南北部（焦作、新乡、鹤壁、安阳）；19～20日暴雨中心南移至郑州，发生历史特大暴雨；21～22日暴雨中心再次北移，23日逐渐减弱并结束。过程累计面雨量鹤壁最大589毫米、郑州次之534毫米、新

---

① 根据国务院灾害调查组. 河南郑州"7·20"特大暴雨灾害调查报告［R/OL］. https：//www.mem.gov.cn/gk/sgcc/tbzdsgdcbg/202201/P020220121639049697767. pdf 整理。

乡第三 512 毫米；过程点雨量鹤壁科创中心气象站最大 1122.6 毫米、郑州新密市气象站次之，为 993.1 毫米；小时最强点雨量郑州最大，发生在 20 日 16~17 时，鹤壁、新乡晚一天左右，特大暴雨引发河南省中北部地区汛情严重，12 条主要河流发生超警戒水位以上洪水。全省启用 8 处蓄滞洪区，共产主义渠和卫河新乡、鹤壁段多处发生决口。新乡卫辉市城区受淹长达 7 天。

灾害共造成河南省 150 个县（市、区）1478.6 万人受灾，因灾死亡失踪 398 人，其中郑州市 380 人，占全省 95.5%；直接经济损失 1200.6 亿元，其中郑州市 409 亿元，占全省 34.1%。

此次雨情汛情主要有以下特点。

（1）暴雨过程长、范围广、总量大，短时间降雨极强。2022 年 7 月 17 日 8 时至 23 日 8 时，郑州市累计降雨 400 毫米以上面积达 5590 平方千米，600 毫米以上面积达 2068 平方千米。其中，二七区、中原区、金水区累计降雨量接近 700 毫米，巩义、荥阳、新密市超过 600 毫米，郑东新区、登封市接近 500 毫米。这轮降雨折合水量近 40 亿立方米，为郑州市有气象观测记录以来范围最广、强度最强的特大暴雨过程。

（2）主要河流洪水大幅超历史，堤防水库险情多发重发。郑州市贾鲁河、双泊河、颍河 3 条主要河流均出现超保证水位大洪水，过程洪量均超过历史实测最大值。其中贾鲁河中牟水文站 7 月 21 日洪峰水位 79.40 米，超历史最高洪峰水位 1.71 米；洪峰流量 608 立方米/秒，为历史最大洪峰流量的 2.5 倍。全市 124 条大小河流共发生险情 418 处，143 座水库中有常庄、郭家咀等 84 座出现不同程度险情，威胁下游郑州市区以及京广铁路干线、南水北调工程等重大基础设施安全。

（3）城区降雨远超排涝能力，居民小区公共设施受淹严重。此次极端暴雨远超郑州市现有排涝能力和规划排涝标准，部分分区实际应对降雨能力不足 5 年一遇（24 小时降水量 127 毫米），即使达到规划的排涝标准也不能满足当天的降雨排涝需要。7 月 20 日，郑州市区 24 小时面平均雨量是排涝分区规划设防标准的 1.6～2.5 倍。16～18 时京广快速隧道附近降雨量 127 毫米，为隧道排水泵站设计标准的 3 倍。10 条内河多处出现漫溢，下游与贾鲁河衔接段存在卡口，壅水顶托影响城区排涝。主城区 20 日午后普遍严重积水、路面最大水深近 2.6 米，导致全市超过一半（2067 个）的小区地下空间和重要公共设施受淹，多个区域断电断水断网、道路交通断行。主城区因灾害死亡失踪 129 人（占郑州市 33.9%），水淹溺亡为主因，分散在居民小区、地下室、街道、地铁、桥涵、隧道等多处，时间基本集中在 20 日午后到傍晚。

（4）山丘区洪水峰高流急涨势迅猛，造成大量人员伤亡。郑州西部山丘区巩义、荥阳、新密、登封 4 市山洪沟、中小河流发生特大洪水，涨势极为迅猛。因河流沟道淤堵萎缩，许多房屋桥梁道路等临河跨沟建设，导致阻水壅水加剧水位抬升，路桥阻水溃决洪峰叠加破坏力极大。荥阳市崔庙镇王宗店村山洪沟 15 分钟涨水 2.4 米，下游 6 千米处的崔庙村海沟寨水位涨幅 11.2 米。山丘区 4 市有 44 个乡镇、144 个村因灾死亡失踪 251 人（占郑州市 66.1%），其中直接因山洪、中小河流洪水冲淹死亡失踪 156 人，时间高度集中在 20 日 13～15 时。

总的来看，河南郑州"7·20"特大暴雨强度和范围突破历史纪录，远超出城乡防洪排涝能力，全市城乡大面积受淹，城镇街道洼地积涝严重、河流水库洪水短时猛涨、山丘区溪流沟道大量壅水，形成特别重大自然灾害。

8.4.2　灾难应对处置存在的问题

（1）应对部署不紧不实。在该轮强降雨到来之前，气象部门已经作出了预报，7 月 15～16 日，国务院领导专门到河南郑州等地检查指导防汛工作，对防范强降雨、防范重大风险、全力确保安全度汛提出明确要求。河南省委省政府于7月13日、7月16日专门作出部署。在党中央、国务院高度重视和省委省政府提出明确要求的情况下，郑州市委、市政府对此轮强降雨过程重视不够，主要负责人仍主观上认为北方的雨不会太大，思想麻痹、警惕性不高、责任心不强，防范部署不坚决不到位、缺乏针对性。

（2）应急响应严重滞后。《郑州市防汛应急预案》明确了启动Ⅰ级应急响应的7个条件，其中之一为"常庄水库发生重大险情"，常庄水库20日10：30开始出现"管涌"险情，郑州市未按规定启动Ⅰ级应急响应。郑州市以气象灾害预报信息为先导的防汛应急响应机制尚未有效建立，应急行动与预报信息发布明显脱节，直到20日16：01气象部门发布第5次红色预警，郑州市才于16：30启动Ⅰ级应急响应。此时灾难已经发生，山丘区4个市死亡失踪的251人（荥阳96人、巩义84人、新密58人、登封13人）中，90%以上死亡失踪时间集中在Ⅰ级应急响应启动前的13～15时。

（3）应对措施不精准不得力。7月13日，郑州市委主要负责人在全市防汛工作视频会上提出防汛"五不"目标（重要水利工程不出事、因地质灾害小流域洪水人员伤亡不发生、重要交通不中断、居民家里不进水、局部地区不出现长时间积水），这是防汛工作常态化条件下的要求。19日郑州市有12个区县（市）153个站点降雨量已经超过50毫米、18个站点已经超过150毫米，对这一严峻情况，市委、市政府没有引起高度警觉，没有认识到问题的严重性。当日下午，市委主要负责人在基层检查、晚上市政府负责人召开防汛视频紧急调度会，继续强调"五不"目标，仍以常态化目标要求应对重大雨情、汛情，没有精准施策，措施空泛。

（4）关键时刻统一指挥缺失。在这场重大灾害应对过程中，郑州市委、市政府缺乏全局统筹，对市领导在前后方、点和面上的指挥缺失具体的统一安排，关键时刻无市领导在指挥中心坐镇指挥、掌控全局。7月20日10：30，常庄水库出现重大险情后，市委、市政府主要负责人和3位副市级领导都赶赴现场，当日市领导多在点上奔波，有的撞在一起、有的困在路上。市委、市政府主要负责人因灾导致通信不畅、信息不通，不了解全市整体受灾情况，对地铁5号线、京广快速路隧道、山丘区山洪灾害等重大险情灾情均未及时掌握，失去了领导应对这场全域性灾害的主动权。

（5）缺少有效的组织动员。河南省委7月13日就宣布进入"战时状态"，直到20日8：30郑州市在召开防汛紧急调度视频会时才提出全面动员各方面力量全力做好防大汛、抢大险、救大灾工作，整个过程未实际开展全社会组织动员，没有提前有效组织广播、电视、报纸、新媒体等广泛宣传防汛安全避险知识。19日21：59至20日16：01的5次暴雨红色预警，电视台只是常规化地在天气预报中播报，通过郑州三大电信运营商全网推送的也只有19日一次；城管、水利部门预警信息只发送给区县（市）防汛抗旱指挥部或相关部门单位，未按预案规定向社会发布。20日8时许市防汛抗旱指挥部发出紧急通知建议市民尽量减少外出，郑州市宣传部门18：58才在微信工作群中部署"所属新媒体不间断滚动播放本地气象预报预警、雨情等信息"，此时全市已经严重受灾。

（6）迟报瞒报因灾死亡失踪人数。截至9月30日，郑州市因灾死亡失踪380人，其中在不同阶段瞒报139人：郑州市本级瞒报75人、县级瞒报49人、乡镇（街道）瞒报15人。郑州市本级、县级及乡镇（街道）一是未按规定统计上报；二是刻意阻碍上报因灾死亡失踪人员信息；三是对已经掌握的信息隐瞒不报。

针对灾害应对处置中暴露的问题，调查组总结了六个方面的主要教训：郑州市一些领导干部特别是主要负责人缺乏风险意识和底线思维；市委、市政府及有关区县（市）党委政府未能有效发挥统一领导作用；贯彻中央关于应急管理体制改革部署不坚决不到位；发展理念存在偏差，城市建设"重面子、轻里子"；应急管理体系和能力薄弱，预警与响应联动机制不健全等问题突出；干部群众应急能力和防灾避险自救知识严重不足。

复习思考题

1. 个人思考题。请使用危机生命周期理论描述"郑州特大暴雨灾害"。

2. 小组讨论。仔细阅读案例背景资料及拓展阅读资料，该案例涉及的角色有郑州市政府、应急管理体系、干部、群众等。你觉得他们的处理方式存在什么问题？如果你是其中一个角色，你该怎么做？为什么这么做？

3. 诊断性总结。从郑州特大暴雨灾害事件可以看出我国政府治理能力方面存在的种种问题及面对突发事件公民素质有待提高，试分析讨论如何从体制机制上破解这一困境？

第9章

城市人口管理专题

城市人口管理是城市政府社会管理的重要职能之一，特别是在城市竞争激烈的当代，加强人口管理是任何城市政府都不可忽视的一项重要工作。理解并掌握城市人口的概念和特征，了解城市人口管理的内容，是掌握城市人口运行规律的前提。本章内容包括五部分：一是阐述城市人口的含义和特征；二是阐述城市人口的年龄构成和性别构成；三是阐述城市人口管理的内容；四是阐述我国城市人口管理制度及其变迁；五是以我国户籍制度改革、杭州市如何吸引外来人口、西安市户籍制度及其影响案例分析城市人口管理的趋势及对利益相关者的影响。

9.1　城市人口概述

9.1.1　城市人口的含义

城市人口，指居住在城市范围内从事生产经营活动和其他工作的非农业人口，既包括拥有城市户籍的常住城市人口，也包括来自其他城市和农村的暂住的流动人口。城市人口管理指城市政府对城市居民户籍和人口变动的行政管理工作，以及对城市暂住的流动人口的管理。

9.1.2　城市人口的特征

（1）城市人口占总人口的比重在不断提高。伴随着工业化和现代化进程，城市化率不断提高，相应地，农村人口比重在不断下降。

（2）城市市区内部人口呈现典型的高密集性。伴随着区域人口大量在城市聚集，城市市区人口密度不断提高，呈现典型的高密集特征。如深圳市是我国人口密度最高的城市，每平方千米人口达 8791 人，东莞、上海、厦门、广州、佛山、郑州、无锡等城市的人口密度也较高。

（3）城市人口文化素质相对较高。根据第七次人口普查数据，北京、上海、天津拥有的大学文化程度的人口比例分别为 41.98%、33.87%、26.93%，远高于全国平均水平，说明城市集聚了高学历、高文化素质的人口。

（4）城市人口就业渠道多元化。城市人口就业时，职业种类差异明显。

（5）城市居民心理和价值观的异质性明显。城市人口来源众多，文化具有多元化特征，城市居民的心理和价值观具有多样性、异质性，进一步导致了城市文化的多元化状态。

9.2　城市人口的构成

9.2.1　年龄构成

城市人口各年龄组的人数占总人口的比例，一般分为婴幼儿组（0~6

岁）、小学中学组（7～18 岁）、成年组（19～60 岁）、老年组（60 岁以上）。分析城市人口年龄构成的意义在于：掌握城市人口总量及增长趋势，掌握人口变化趋势，掌握人口就业结构变化趋势，预测公共服务需求趋势。

9.2.2 性别构成

城市人口的性别构成反映了男性和女性之间的数量和比例关系，影响着人口的结婚率、生育率和就业结构。自 20 世纪 80 年代以来，我国人口出生性别比出现异常升高现象，引起社会的广泛关注。

9.3 城市人口管理的内容

9.3.1 户籍管理

户籍管理也称户政管理，是指对户籍人口和外来常住人口进行户口登记和变动管理，以确定管理对象的社会身份以及迁入、迁出情况。城市户籍管理机构为城市公安局或公安局的派出所。派出所的辖区为户口的管辖区。

城市户籍管理机构对城市人口的管理主要有：户口登记，城市户口登记制度包括常住、暂住、死亡、迁出、迁入、变更；人口卡片，户口登记机关应以人为单位建立户口登记项目的人口卡片。

9.3.2 身份证管理

我国《居民身份证法》规定，凡年满 16 周岁的中国公民都应当向常住户口所在地的户口登记机关申请领取居民身份证。身份证的有效期分为 10

年、20 年、长期三种。

9.3.3 人口普查与预测

开展人口普查,可掌握人口的职业构成、文化构成、年龄构成、民族构成、城乡人口结构、地区人口分布及人口迁移情况。新中国成立以来,我国分别于 1953 年、1964 年、1982 年、1990 年、2000 年、2010 年、2020 年进行了七次人口普查工作。

9.4 人口管理制度及其变迁

新中国成立以后,中国城市逐渐形成了一套比较完整、统一的人口管理制度。1958 年 1 月,全国人大常委会公布实施了《户口登记条例》,建立了城乡分割的二元户口制度,使户口管理有了法律依据。

计划经济体制下的二元户籍制度起到了积极作用,如维护社会稳定、保障国家安全等,也在一定程度上减轻了城市压力。但同时也存在一定程度的弊端,如严格限制人口自由流动,则阻碍了劳动力在城市和乡村之间的合理流动,也延缓了我国城市化、工业化的进程。

20 世纪 80 年代以来,城乡割裂的现象出现了松动。2002 年 2 月,公安部治安局宣布,中国户口登记打破过去认为分割城市和农村的户口二元管理模式,实行在居住地登记户口的原则。主要改革措施包括:实行居民户口,取消农业、非农业等户口类型,取消所有关于"农转非"的政策规定;实行居住地登记原则,建立以户口簿、身份证、出生证为主的管理办法;实行以公民住房、职业和收入来源等主要生活基础为落户标准与政策控制相结合的户籍迁移制度;实行社会待遇与户籍脱钩的政策,取消附加条件;实行大城市严格控制、中小城市适当放宽、城镇全面放宽的方针，保证人口合理流动；逐步建立现代化的全国户籍管理信息网络。

2017年以来，各地为留住新进入的劳动力人口，纷纷通过常住人口户籍化的手段降低其流动性，例如，广州、深圳、成都等地的政策性落户、人才落户和积分落户。同时，各大城市人才引进力度不断加大，人才新政密集落地。投靠落户条件普遍放宽，多数城市的积分应用主要围绕积分落户展开，个别城市正在尝试将积分应用于其他领域。

9.5　案　例

9.5.1　案例一：中国户籍制度改革①

新中国成立以来的户籍制度改革经历了不同的历程。

1951年7月16日，公安部公布《城市户口管理暂行条例》，规定了对人口出生、死亡、迁入、迁出、"社会变动"（社会身份）等事项的管制办法。这是新中国成立以后第一部户口管理条例，基本统一了全国城市的户口登记制度。

1955年，《国务院关于建立经常户口等级制度的指示》的发布统一了全国城乡的户口登记工作，规定全国城市、集镇、乡村都要建立户口登记制度，户口登记的统计时间为每年一次。

1958年1月，全国人大常委会通过《中华人民共和国户口登记条例》，第一次明确将城乡居民区分为"农业户口"和"非农业户口"两种不同户

---

① 根据中国户籍制度改革历史回眸 ［R/OL］. http：//www. gov. cn/xinwen/2014－07/30/content_2727331. htm 整理。

籍，奠定了我国现行户籍管理制度的基本格局。

1964 年 8 月，《公安部关于处理户口迁移的规定（草案）》出台，集中体现了该时期户口迁移的两个"严加限制"的基本精神，即对从农村迁往城市、集镇的要严加限制；对从集镇迁往城市的要严加限制。

1984 年 10 月，《国务院关于农民进入集镇落户问题的通知》颁布，户籍严控制度开始松动。通知规定，农民可以自理口粮进集镇落户，并同集镇居民一样享有同等权利，履行同等义务。

1985 年 7 月，《公安部关于城镇暂住人口管理的暂行规定》的出台标志着城市暂住人口管理制度走向健全，同年 9 月，作为人口管理现代化基础的居民身份证制度颁布实施。

1997 年 6 月，《国务院批转公安部小城镇户籍管理制度改革试点方案和关于完善农村户籍管理制度意见的通知》出台，规定已在小城镇就业、居住，并符合一定条件的农村人口，可以在小城镇办理城镇常住户口。

1998 年 7 月，《国务院批转公安部关于解决当前户口管理工作中几个突出问题意见的通知》让户籍制度进一步松动。根据此通知，新生婴儿随父落户、夫妻分居、老人投靠子女，以及在城市投资、兴办实业、购买商品房的公民及随其共同居住的直系亲属，凡在城市有合法固定的住房、合法稳定的职业或者生活来源，已居住一定年限并符合当地政府有关规定的，可准予落户。

2001 年 3 月，《国务院批转公安部关于推进小城镇户籍管理制度改革意见的通知》的出台，标志着小城镇户籍制度改革全面推进。通知规定，对办理小城镇常住户口的人员不再实行计划指标管理。

2012 年 2 月，《国务院办公厅关于积极稳妥推进户籍管理制度改革的通知》指出，要引导非农产业和农村人口有序向中小城市和建制镇转移，逐步满足符合条件的农村人口落户需求，逐步实现城乡基本公共服务均等化。

2013 年 11 月，《中共中央关于全面深化改革若干重大问题的决定》指出，要创新人口管理，加快户籍制度改革，全面放开建制镇和小城市落户限制，有序放开中等城市落户限制，合理确定大城市落户条件，严格控制特大城市人口规模。

2014 年 7 月 30 日，《国务院关于进一步推进户籍制度改革的意见》正式发布。意见规定，要进一步调整户口迁移政策，统一城乡户口登记制度，全面实施居住证制度，加快建设和共享国家人口基础信息库，稳步推进义务教育、就业服务、基本养老、基本医疗卫生、住房保障等城镇基本公共服务覆盖全部常住人口。到 2020 年，基本建立与全面建成小康社会相适应，有效支撑社会管理和公共服务，依法保障公民权利，以人为本、科学高效、规范有序的新型户籍制度，努力实现 1 亿名左右农业转移人口和其他常住人口在城镇落户。

复习思考题

结合案例思考，我国户籍政策不断调整的原因是什么？

9.5.2 案例二：杭州市如何吸引外来人口[①]

近年来，杭州市常住人口持续稳步增长，继 2015 年末全市常住人口首次突破 900 万人后，杭州人口增量更是连年上涨。2016 年、2017 年、2018 年，杭州市新增人口数量分别为 17 万人、28 万人和 33.8 万人。2019 年，杭州新增人口为 55.4 万人，其中，35 岁以下大学生引进规模为 21 万人，占比约 38%。2020 年，杭州市吸引人口数量达 43.6 万人，其中，青年大学生净流入增幅高达 75%。

---

① 根据 2019 年杭州常住人口主要数据公报［R/OL］. https：//www. hangzhou. gov. cn/art/2020/3/16/art_805865_42297976. html；吸引人才，向来是城市竞争的重头戏［R/OL］. http：//tzcj. hangzhou. gov. cn/art/2023/5/19/art_1621408_58892543. html 整理。

杭州之所以能够吸引大量人口流入，首先因为其企业竞争优势与营商环境。阿里巴巴、网易、海康威视等一系列高科技企业，不仅为杭州创造了实打实的经济收益与就业机遇，更为杭州营造了前沿产业生态。在推动整个城市综合竞争力不断提升的过程中，这些龙头企业功不可没。

杭州吸引人才的主要举措在于，从 2016 年起，杭州出台的一系列新政策、新举措。如向新引进来杭州工作的应届全日制硕士研究生以上学历的人员和归国留学人员发放一次性生活（或租房）补贴，其中，硕士 2 万元/人，博士 3 万元/人；上调人才租赁补贴至每月 1500 元。深入实施新一轮全球引才"521 计划""115"国外智力引进计划等 5 个市级引才计划，做好人才申报工作和招才引智工作。

2018 年起，杭州将人工智能、量子技术、生物科学、区块链、3D 打印等重要科技领域作为重点产业，在大力发展"数字经济"与"新制造业"的同时，不断完善升级产业结构。上述产业的发展，需要大量高层次人才。博士生生活补贴直接"翻倍"，大概可以看出杭州对高层次人才的迫切需求。

2019 年 10 月 9 日，杭州调整了三项人才政策：大学毕业生落户政策、应届毕业生生活补贴政策和应届大学生租房补贴，且均于 2021 年 10 月 15 日（含）起正式实施。

2019 年，生活补贴作出第一次调整：应届本科生正式加入可申领生活补贴的行列，补贴金额为 1 万元。应届硕士研究生、博士研究生来杭州就业，生活补贴分别提升到 3 万 ~5 万元。领取方式为缴纳至少 1 个月社保后可申请，审核通过后 7 个工作日可以一次性拿到补贴。

2020 年，杭州市落户政策调整为：具有全日制普通高校本科以上学历者（本科 45 周岁以下，不含 45 周岁；硕士 50 周岁以下，不含 50 周岁），在杭州市区落实工作单位并由用人单位正常缴纳社保的可以落户杭州市区；全日制普通高校博士研究生学历者（55 周岁以下，不含 55 周岁），可享受"先落户、后就业"政策。

租房补贴，每年度分两次发放，半年一次，每次发放年度补贴金额的50%。符合申领基本条件的，且在杭州连续参保（不含补缴）6个月发放第一笔补贴。2021年10月14日（含）之前申请生活补贴的仍按现行政策执行。

杭州对高层次人才的认定政策，按照A类、B类、C类、D类、E类，给予不同程度的政策支持。首先，高层次人才买房，有购房补贴：给予A类顶尖人才"一人一议"最高800万元购房补贴；B类、C类、D类人才分别给予200万元、150万元、100万元购房补贴。其次，A类人才在杭州购买首套住房可免摇号；经认定的B类、C类、D类、E类人才及符合条件的相应层次人才在杭州购买首套住房，可在新建商品住宅公开摇号销售时按不高于20%的房源比例优先供应。

复习思考题

1. 杭州市制定了哪些户籍政策以吸引外来人口？

2. 杭州市的户籍政策可能会对哪些利益相关者产生影响？

9.5.3 案例三：西安市户籍制度及其影响[①]

9.5.3.1 西安"户籍新政"一年6次升级

2017年3月1日，被称为西安市"史上最宽松"的户籍准入新政策正式落地实施，对部分户籍准入条件作出重大调整，可概括为"三放四降"。"三放"即放开普通大中专院校毕业生的落户限制、放宽设立单位集体户口

---

① 根据大西安户籍 人口将突破1000万［R/OL］. https：//www. xa. gov. cn/zzzb/xwdt/xwfbh/5d490a4afd850833ac58e7f3. html；学历落户仅凭"两证"13小时落户成西安抢人"王牌"［R/OL］. https：//news. cnr. cn/native/gd/20180427/t20180427_524214276. shtml；古城明月人尽望 八方学子落长安［R/OL］. https：//www. cnr. cn/sxpd/pp/qz/20180925/t20180925_524369236. shtml 整理。

条件、放宽对"用人单位"的概念界定;"四降"即降低技能人才落户条件、降低投资纳税落户条件、降低买房落户条件、降低长期在西安市区就业并具有合法固定住所人员的社保缴费年限。

2017年6月中旬,西安市进一步放宽部分户籍准入条件,将本科以上学历落户年龄放宽至45岁;硕士研究生及以上学历人员不设年龄限制。2018年2月1日,西安市户籍新政再次升级,个人落户一站式全办结,通过学历、人才、投资纳税落户的,即便是落在集体户上,也可同步完成举家迁入。2018年3月5日,网络"掌上户籍"绿色通道正式运行,即凭学历落西安社区集体户,只需通过网络"掌上户籍室"提交资料即可。2018年3月23日,在校大学生仅凭学生证和身份证即可完成在线落户西安的新举措,这一举措面向全国开放。2018年4月26日,凡是在西安市市区依法注册登记的股份有限公司、有限责任公司,可申请年龄在35周岁以下(含35周岁)的法人、股东和企业员工落户西安。

9.5.3.2 一周迁入8000人

2018年9月14~21日,西安警方"人才人口指挥部"前往兰州、合肥、厦门等城市,举办"秋季博士专场暨高端人才引进巡回招聘"活动,宣讲户籍新政。招聘活动现场,来自兰州大学、兰州理工大学、中国科学技术大学、合肥工业大学、厦门大学、中山大学6所外地高校的大学生,为西安户籍新政点赞,有的学生当场办理落户手续。兰州大学物理学博士生小陈,在招聘会开始的一早,就准备好了个人资料,认真地选择意向岗位,并前往西安户籍服务工作台,现场办理落户西安的手续。他说,西安是座美丽的城市,历史厚重又充满朝气,一直是他首选的工作与生活的城市。尤其是上半年看到西安户籍新政掀起的落户西安的"风暴",更加坚定了他落户西安的决心。无论从城市发展机遇还是重视人才的角度,都能够看到西安的真诚,"希望能够在西安成家、立业,用自己的努力实现人生价值"。

中国科学技术大学博士生小许，原籍四川，在现场咨询和投递了应聘资料。小许说，西安是座有着丰厚文化底蕴的历史名城，希望有机会能够扎根西安，和西安共同发展。中山大学管理学硕士小宁，原籍陕西汉中，听说有这样一个大型招聘活动，她觉得特别开心。她说，西安这两年各方面都飞速发展，不管是经济还是交通，还有各种招商引资的环境，为全国各地的大学生提供了很多就业机会，这一点让她特别开心。

西安公安户政数据显示，2018 年 9 月 15～21 日，全市市外迁入共 8696 人。10 月和 11 月，西安赴国内 20 多所知名重点高校巡回开展专场招聘、政策宣讲和重点企业推介等活动。

复习思考题

1. 结合案例分析，西安市不断放宽落户限制的原因是什么？

2. 使用利益相关者模型，从微观层面分析西安市户口新政对各利益相关者的影响。

第 10 章

城市住房管理专题

城市住房由商品房及保障性住房构成，城市居民通过购买商品房或申请保障性住房获取城市住房。理解并掌握城市住房的供给和需求，理解目前城市住房供给的制度安排是掌握城市住房管理规律的关键问题。本章内容包括四部分：一是阐述城市住房的特性、供给与需求；二是阐述城市住房的供给制度安排；三是阐述我国城市住房保障的基本形式；四是阐述现行城市住房保障制度存在的问题；五是以西安市住房保障制度为案例分析城市保障性住房供给的难点和重点。

10.1　城市住房的供给与需求

10.1.1　城市住房的特性

（1）建筑的耐久性。城市住房大多由钢材、石料、砖头、混凝土等永久性建筑材料建成，只要设计合理、施工科学、维护及时，自然寿命均在百年以上。

（2）消费的昂贵性。城市住房属于耐用品，一套普通住房往往要花费家庭数年或数十年的积蓄。而对于低收入家庭来说，拥有城市住房是终生的追求。

（3）位置的固定性。住房属于不动产，一经建成就与既定区位的土地连成一体。消费者在购买住房时，往往把区位作为重要考虑因素，选择住房就意味着选择居住社区、学区。

（4）住房的投资性。随着人口增长，城市用地不断向郊区拓展，建成区的房价不断上涨。建设和购买住房具有投资性，在快速城市化阶段，住房投资的增值性尤为明显。

10.1.2　城市住房的供给与需求

10.1.2.1　城市住房的需求

住房需求是指具有购买意愿和支付能力的需要。城市住房需求既受经济发展水平的影响，也受家庭收入、住房价格及城市人口密度等因素的影响。

（1）经济发展水平。城市居民住房需求与经济发展水平密切相关，在经济发展的不同阶段，城市居民住房需求存在较大差异。在经济发展初期，城市居民的住房需求仅能满足空间上的屏蔽性；在经济发展中期，城市居民的住房需求趋向标准化；在经济发展中后期，城市居民的住房需求追求舒适、享受和个性化。

（2）家庭收入。城市居民家庭收入是影响住房需求的最重要、最直接因素，它直接决定了城市居民家庭的住房购买能力。城市住房属于昂贵品消费，家庭收入只有达到一定水平才具有购房能力。

（3）住房价格。住房价格是影响城市居民住房需求较为直接的因素，住房价格过高会降低城市居民的购房需求。城市住房价格太高，房价严重偏离建设成本，有意购房者普遍持观望和待购态度，商品住房可能会出现滞销局面。

（4）城市人口密度。伴随着我国城市化进程的快速推进，城市人口密度不断增高。城市人口密度越高，居民住房需求越大。相对于中小城市而言，大城市的人口密度更高，城市居民住房需求也更加旺盛。

10.1.2.2　城市住房的供给

目前，城市住房的供给模式可分为三种，分别为市场调节型、国家分配型及市场调节和政府干预相结合型。

（1）市场调节型。在此模式下，房地产开发商购买土地，开发和建造商品住房，住户根据自身的支付能力，在市场上选购合适的住房。同时，金融和保险机构为住户提供融资和不动产保险服务。西方国家住房供给普遍采取市场调节模式。这种住房供给模式有利于提高住房供给效率，缺点是难以满足低收入群体的住房模式。为了救助贫困人口，西方国家也存在一定的保障性住房。

（2）国家分配型。在此模式下，城市住房不是作为商品，而是作为社会福利，实行住房公有。传统的社会主义国家普遍实行这种住房供给模式。国家按计划建设城市共有住房，并按级别、职务和家庭人口，通过福利分配的方式将住房租给单位职工居住。国家只向公房住户象征性地收取低价租金。20 世纪 90 年代末，我国推进住房商品化改革，告别了国家分配型住房供给模式。

（3）市场调节和政府干预相结合型。这一模式既坚持城市住房的商品属性，也向低收入者提供保障性住房，力求实现"居者有其屋"。新加坡是推行这种模式的典型代表。政府推出住房公积金制度，要求雇员和雇主共同缴纳住房公积金，作为专门用于购买住房的强制性储蓄。同时，政府直接投资建造公共住宅，向低收入群体提供租屋。当前，我国城市住房供给也属于这一模式，政府对经济适用住房、公租房建设提供政策支持，对低收入购房者给予某些政策优惠。

10.2　城市住房的供给制度安排

目前，我国城市住房供给主要有商品住房和保障性住房。

（1）商品住房。经政府有关部门批准，通过有偿方式取得国有土地使用权，由房地产企业开发，建成后用于市场出售的房屋。商品房由房地产开发商统一设计、批量建造后，作为商品向社会出售。

（2）保障性住房。这是政府为帮助那些依靠自身力量难以从市场上获取必要住房的居民而出台的各类援助政策的总称，其保障对象是中低收入家庭。目前，中国城市的保障性住房主要有"两限"商品住房、经济适用房、公共租赁住房和廉租房四类。住房保障通过区别不同的保障对象，对不同群体实行分类保障：高收入者面向市场购买商品房，中等收入者购买"两限"商品房或者经济适用房，中等偏下收入者租住公共租赁住房，最低收入者租住廉租住房。

10.3　我国城市住房保障的基本形式

（1）"两限"商品房。即限制价格、限定面积的普通商品房，其保障对象是既买不起商品房，又不符合购买经济适用房条件的中等收入者。限价商品房是限定住房销售价格、限定套型面积和供应对象，具有保障性质的政策性商品住房。其套型建筑面积为 80～100 平方米。

（2）经济适用房。政府针对低收入群体的住房困难，通过行政划拨土地、减免税费等政策扶持的方式，组织统一建设或者规定在房地产开发建设项目中按比例配套建设政策性住房。

（3）公共租赁住房。公租房的产权由政府或公共机构所有，以低于市场的价格向承租者出租，以中等偏下收入家庭和个人为承租对象。主要为解决新就业职工等夹心层群体住房困难的房屋，面向无房的大学毕业生、引进人才和其他住房困难群体进行出租的住房。

（4）廉租住房。对于买不起经济适用房的最低收入家庭，由政府实施廉租房保障。保障形式有两种：已经租住住房的，由政府发给一定数量的租金补贴；对无住房的，由政府建设并提供能够满足其基本需求的面积适当、租金较低的廉租房。

10.4　现行城市住房保障制度的问题

10.4.1　经济适用房制度存在的问题

（1）购买对象界定不清楚。目前我国没有有效的制度安排衡量家庭收入，经济适用房的购买者实际上主要是中高收入群体。而城市居民中的低收入家庭往往难以申购到经济适用住房。

（2）投资比重不足，供求矛盾尖锐。经济适用房开发享受多项优惠政策，其价格往往比商品住房要低，供给与实际需求的缺口巨大。从全国来看，经济适用房开发投资仅占住宅投资的 5% 左右，缺口巨大，不能满足现实需求。

（3）开发和销售环节存在腐败和不公问题。经济适用住房开发实行企业化运作，开发商为增加利润而虚增成本，提高销售价格。项目开发后，对申请购房者的审核又存在把关不严的问题，致使低收入家庭被挤出。

10.4.2 廉租房制度存在的问题

（1）廉租房覆盖面太小。城市廉租房不对常住外来人口开放，本市居民申请也面临着"僧多粥少"的情况。

（2）建设资金来源困难。廉租房以财政预算资金为主，资金供应没有长效保障机制。

（3）运行缺少可持续性。廉租房近乎无偿的低租金制度，运行长期亏损，缺少可持续性。

10.5 案例：西安市住房保障制度

住房问题一直是国家与民众高度关注的问题，然而连年上涨的高房价阻断了很多来到大城市打拼的年轻人的梦想。城市需要发展，需要不断地注入新鲜的活力种子，然而如何能将年轻人留下来，又不破坏城市房地产行业健康发展呢？建设性保障房成为解决这一难题的关键法宝。

习近平总书记指出，"人民群众对实现住有所居充满期待，我们必须下更大决心、花更大气力解决好住房发展中存在的各种问题"，"要重点发展公共租赁住房，加快建设廉租住房，加快实施各类棚户区改造"。[1]

如今，我国各地都开始大力推行保障房建设工程，该工程的建设属于民生工程，牵一发而动全身，牵动着每个老百姓的心。然而没有可以借鉴学习的案例，一切都在摸索中前行。如今，西安市成为保障房建设的"领头羊"。

---

[1] 中共中央党史和文献研究院. 习近平关于城市工作论述摘编［M］. 北京：中央文献出版社，2023：122.

我们可以通过学习借鉴西安市保障房的政策，总结经验，不断创新改进。

10.5.1　西安市住房保障的基本形式及适用范围

10.5.1.1　"两限"商品房

为满足西安市中低收入住房困难家庭的购房需求，2017 年西安市出台了《关于购置型保障房并轨管理有关问题的通知》将部分经济适用房项目调整为限价商品房项目。

西安市限价商品房的申请条件：（1）西安市居民户口。（2）非西安市户口，在本市连续缴纳 2 年以上（含两年）的个人所得税或社会保险证明。（3）收入方面。三人及三人以上家庭，人均月收入 3911 元以下；两人家庭，人均月收入 4302 元以下；单身人员（含未婚、离异独身、丧偶独身），人均月收入 4693 元以下。家庭人均住房建筑面积低于市政府规定的相应标准（家庭人均住房面积低于 17 平方米）。

西安市于 2019 年 7 月 1 日起，已全面停止经济适用住房、限价商品住房购房资格审核的申请受理。

10.5.1.2　经济适用房

为加强购置型保障性住房管理，调节购置型保障房供需平衡，自 2018 年 2 月 9 日起，西安市购置型保障房实施轮候制度。在 2016 年 1 月 1 日之后，取得西安市城六区、长安区及开发区购置型保障性住房购买资格且未实际保障（未购买保障房）的家庭，纳入西安市购置型保障性住房轮候范围，进入轮候库。轮候库中家庭的排名不分先后，在轮候期间享有同等的权利。购置型保障性住房按照公开登记和摇号方式进行销售。

西安市经济适用房的申请条件：本市城六区（新城区、莲湖区、碑林区、雁塔区、未央区、灞桥区）或长安区非农业户口；家庭人均月收入低于市政府规定的相应标准（三人及三人以上家庭，人均月收入标准调整为 1515元；两人家庭，人均月收入标准为 1667 元；单身人员，人均月收入标准为1818 元），家庭人均住房建筑面积低于市政府规定的相应标准（家庭人均住房建筑面积不大于 17 平方米）；申请人及其家庭成员 3 年内无房屋赠与及转让行为的（房屋建筑面积超出市政府规定的相应标准）；申请人及其家庭成员名下无商铺或办公用房的；申请人离异，涉及房产处置且未再婚的，离异时间应满 3 年。

10.5.1.3 公共租赁住房

西安市公共租赁住房的保障形式主要包括实物配租和租赁补贴。实物配租是指政府提供住房，出租给符合条件的保障家庭并按照保障家庭收入水平分档收取租金；租赁补贴是指未享受实物配租的城镇低收入住房困难家庭，自行租赁社会住房，由政府在一定时期内给予合法的货币补贴。

西安市申请公共租赁住房的条件为：（1）具有本市城六区城镇户籍的家庭及人员（不含在校大中专学生）。（2）具有本市城六区居住证的非西安市户籍的家庭及人员。（3）具有在本市城六区连续缴纳社会保险半年以上、已与用人单位签订 1 年及 1 年以上的劳动合同、持有本市营业执照和税务部门完税证明 1 年以上、从事个体生产经营 1 年以上等情形之一的本市五区二县户籍的家庭及人员。（4）家庭收入和人均住房面积符合准入条件的。（5）单身人员须年满 18 周岁且在本市具有稳定工作及收入等。

10.5.1.4 廉租住房

凡同时具备下列条件的家庭，均可向户口所在地社区申请：（1）具有西安市城镇居民户口（含农业转移人口落户到社区的人员）。（2）家庭无房或人均住房建筑面积低于 17 平方米的。（3）享受城镇低保待遇、区民政局认定的城镇低收入家庭待遇或符合廉租住房收入标准之一的。廉租住房收入标准为三人及以上家庭，人均月收入低于 1390 元；两人家庭，人均月收入低于 1529 元；单身人员（含未婚、离异独身、丧偶独身）月收入低于 1668 元。廉租住房租金补贴及实物配租家庭主申请人及家庭成员名下不得有车辆、工商营业执照等资产信息。

10.5.2　西安市住房保障供给所面临的困境

2021 年 10 月 31 日，西安市住建局发布《关于暂停共有产权住房购房资格审核的通知》。该通知指出，西安市自试行共有产权住房政策以来，稳步推进了资格审核、价格备案、产权划分、土地供应等系列工作，但受经济形势及公共卫生事件影响，土地市场出现共有产权住房地块流拍现象，给后期实际供应造成压力。

为应对当前形势，结合国家、省"十四五"住房发展规划总体要求，西安市暂停共有产权住房购房资格审核，相关事项包括：一是从本通知下发之日起暂停共有产权住房购房资格审核，2021 年 10 月 31 日之前（含 2021 年 10 月 31 日）已经受理的，按原标准、原程序进行审核。二是已纳入共有产权住房轮候库家庭的购房资格依然有效，待共有产权住房项目达到预售（销售）条件后，轮候库家庭优先购买。三是轮候库家庭因购买其他住房或因继承等其他方式取得自有住房的，由个人向西安市保障性住房管理中心电报，按程序取消共有产权住房购买资格。

复习思考题

1. 个人思考题。

（1）西安市的保障房政策采用了哪四种模式，针对这四种模式采用了哪些政策？

（2）西安市的保障房制度存在哪些问题？这些问题是否具有共性？

2. 小组讨论（角色扮演）。保障房作为一种广义的"公共物品"，涉及的相关利益主体可能包括西安市政府、生产方企业（房地产开发企业）、新区外来务工人员，每组选取一个利益主体，并分别从自己角度出发，分析它的利益需求是什么？并阐述现行政策满足了它的哪些需求？还有哪些需求没被满足？政策执行的过程中还存在哪些不足？

3. 诊断性总结。政府在保障房方面的资金投入，是直接补贴好还是间接补贴好？给出你的理由。

第 11 章

城市环境管理专题

城市环境是自然环境和人工环境的结合体，城市环境污染会影响城市正常健康运行，影响城市可持续发展。理解并掌握城市环境及环境污染的表现，并掌握城市环境治理的主要手段，是掌握城市环境管理规律的关键。本章内容包括四部分：一是阐述城市环境污染的概念；二是阐述城市环境污染的表现；三是阐述城市环境治理的主要手段；四是以光污染、上海垃圾分类成功经验总结等案例分析城市环境管理的难点和重点。

11.1　城市环境的概念

城市环境属于区域环境的一种类型，是指在城市的地理空间内，与市民生存和发展有密切关系的生活环境和生态环境。其中，生活环境是指与市民生活密切相关的各种天然和经过人工改造的自然因素，如空气、土壤、河流、湖泊、绿地、森林、风景名胜等。生态环境是指影响生态系统发展的各种环境条件，包括气候条件、土壤条件、生物条件、地理条件、人文条件等。

《中华人民共和国环境保护法》规定，环境是指影响人类生存和发展的各种天然的和经过人工改造的自然因素的总体，包括大气、水、海洋、土地、矿藏、森林、草原、野生生物、自然遗迹、人文遗迹、自然保护区、风景名胜区、城市和乡村等。

11.2　城市环境污染的表现

环境污染，是指人类活动使环境要素或其状态发生变化，致使环境质量恶化，扰乱和破坏了生态系统的稳定性及人类的正常生活条件的现象。环境具有一定的承载力，在其容量之内，环境可实现自我净化；超出环境的净化能力，就造成了环境污染和生态破坏。

11.2.1　大气污染

大气污染是指城市生产和生活废气直接排放到大气中，造成大气质量下降的现象。污染物主要包括颗粒物、含硫化合物（如二氧化硫）、氮氧化物（如一氧化氮、二氧化氮）、碳氧化物（如一氧化碳、二氧化碳）等。颗粒物主要来自燃料燃烧、建筑扬尘和工业生产过程中产生的粉尘。颗粒物往往含有多种重金属，不仅直接污染环境，而且吸附有毒气体，使有毒气体富集并发生化学反应，大大增强了其危害性。

📖 阅读材料

美国洛杉矶光化学烟雾事件是 1940～1960 年发生在美国洛杉矶的有毒烟雾污染大气的事件，是世界有名的公害事件之一。

洛杉矶在 20 世纪 40 年代就已经拥有 250 万辆汽车，每天大约消耗 1100 吨汽油，排出 1000 多吨碳氢化合物（CxHy 或 RC），300 多吨氮氧化物（NOx），700 多吨一氧化碳（CO）。另外，还有炼油厂、供油站等其他石油燃烧排放，这些化合物被排放到阳光明媚的洛杉矶上空，不啻制造了一个毒烟雾工厂。洛杉矶三面环山，大气污染物不易扩散，而且洛杉矶经常受到逆温的影响，更使污染物聚集在洛杉矶本地。汽车尾气中的烯烃类碳氢化合物和二氧化氮（NO_2）被排放到大气中后，在强烈的阳光紫外线照射下，会吸收太阳光所具有的能量。这些物质的分子在吸收了太阳光的能量后，会变得不稳定起来，原有的化学链遭到破坏，形成新的物质。这种化学反应被称为光化学反应，其产物为含剧毒的光化学烟雾。

光化学烟雾事件致使远离城市 100 千米以外的海拔 2000 米高山上的大片松林枯死，柑橘减产。仅 1950 ~ 1951 年，美国因大气污染造成的损失就达 15 亿美元。1955 年，因呼吸系统衰竭死亡的 65 岁以上的老人达 400 多人；1970 年，约有 75% 以上的市民患上了红眼病。

资料来源：林岩，朱怡芳. 洛杉矶大气污染的经验与启示［J］. 世界环境，2016（6）：37 – 39.

11. 2. 2 水体污染

水体污染是指有毒、有害、有机物质进入城市地表和地下水，使自然水体变质的现象。水体污染包括生活污水污染和工业废水污染。其中，工业废水中含有汞、铅、镉等有毒物质，严重危害人体健康。

11. 2. 3 固体废弃物污染

城市固体废弃物包括工业废弃物、建筑垃圾、生活垃圾等。近年来，城市生活垃圾产生量剧增。以西安市为例，2021 年西安市生活垃圾每天的产生量已经达到 1.08 万吨，[①] 生活垃圾处理已经成为城市面临的重要难题。2015年我国大、中城市一般工业固体废物产出量逐渐减少。2017 年大、中城市一般工业固体废物产出量 13.1 亿吨，2018 年大、中城市一般工业固体废物产生量达 15.5 亿吨。[②]

11.2.4　土壤污染

土壤污染是指固体废弃物、工业废水及生活垃圾等污染物，不经过处理就直接进入土壤系统，引起土壤成分和结构变化。土壤中的有害或有毒物质被植物吸收以后，会在食物链上引起连锁污染，间接影响人体健康。

11.2.5　噪声污染和电磁波污染

噪声污染是指不同频率和强度的声音无规则地组合在一起。人的耳朵具有一定的承受能力，超过一定分贝（如 80 分贝）称为噪声。电磁波污染是无线通信、广播、电视、监测、遥控等技术的发展和推广所带来的。其存在不易被人察觉，危害不能直接显现，电磁波污染并未受到应有的重视。电磁污染的危害极大，不仅对人的神经系统构成危害，还对极精密仪器、仪表的正常工作造成影响。

---

① 西安市 2021 年度生活垃圾、厨余垃圾、建筑垃圾处置情况［R/OL］. http：//xacg. xa. gov. cn/xwzx/tzgg/628f3150f8fd1c0bdc9ac2f7. html.

② 2019 年全国大、中城市固体废物污染环境防治年报［R/OL］. https：//www. mee. gov. cn/ywgz/gtfwyhxpgl/gtfw/201912/P020191231360445518365. pdf.

11.3　城市环境治理的主要手段

11.3.1　经济手段

通过价格、税收、财政等方式，支持环境友好型经济，淘汰环境污染严重的落后产业，如排污者收费制度、环境税等。2018 年 1 月 1 日起，我国开始征收环境税，经济手段开始逐渐走进环境治理领域。

11.3.2　法律手段

通过法律手段治理环境污染问题，是建设法治国家的基本要求。依法实施环境保护工作，一方面要完善法律法规，推进依法行政；另一方面要完善环保司法制度、赋予个人和组织提起环境公益诉讼的权利，完善环境司法赔偿制度。

11.3.3　技术手段

通过开发新技术，提高资源利用率和转化率，减少废气、废水、废渣的排放量，能够减少生产和生活对生态环境造成的负面影响。

11.3.4　行政手段

依托环境保护行政部门，依法执行环境影响评价、环境质量标准、排污环境监测等环境保护制度，落实环境保护目标责任制。对于环境污染事故和违规超标排放污染物的行为，依法追究直接肇事者的责任。

11.3.5　公民参与

公民参与不仅可以对环境污染事件、潜在环境风险和政府的环保职责进行监督，而且可以提高环境影响评价、环保决策的科学性。目前我国公众参与环境治理的方式有拨打12369环保热线、政府网站上留言、参与环境影响评价等。

11.4　案　　例

11.4.1　案例一：光污染——城市污染的新形式①

在成都市成华区洪山北路一带，每当华灯初上，街道两侧的商铺门前，用LED灯泡做成的门店招牌就变成了一道特别的景观。绚丽的色彩让很远之外的行人就能注意到。

然而，这些绚丽的广告招牌，也造成了周边居民的困扰。"灯光太亮了，晚上觉都睡不好""娃娃在家写作业，根本没法靠窗边坐"……不少居民吐槽绚丽灯光带来的困扰。

2015年初，成都市民贾强一家高高兴兴搬进了位于洪山北路某小区六楼的新房，但没多久，一家人就高兴不起来了。随着周边小区入住率提高，沿

---

① 城市光污染调查：无具体标准 目前只能界定为扰民 [R/OL]. https://sc.cnr.cn/sc/2014sc/20161107/t20161107_523247356.shtml.

街商铺越开越多，不少商家都采用了发光字体店招，而且一家比一家亮，"太刺眼了，根本不敢站到阳台上"。起初，6 楼的高度，拉上窗帘还能避免临街商铺店招灯光的直射。但几个月前，小区外围的一家茶楼把 LED 广告招牌安到了楼顶，大大的"茶"字，正好对着贾强家的次卧窗户，直线距离不足 5 米。一到晚上，灯光直射卧室，即便拉上窗帘，也十分刺眼，"正好对着书桌，对娃娃的眼睛太不好了"。

在红星路上开店、专门从事各类店招制作的彭强坦言，目前市面上的商家店招，其发光字体基本采用的都是 LED 光源，规格从 5 伏到 12 伏不等。如果要字体亮一些，就用瓦数更大的灯泡，同时还能通过加密灯泡的方式，让招牌更亮。"目前店招光亮度没什么明确限制，只要商家愿意，都可以做"彭强说。成都市城管委广告招牌设置管理处相关负责人坦言，目前接到的各类城市管理投诉类别中，与光污染相关的投诉数量直线上升。

定量定性有难度。近年来，相关执法部门也针对相关投诉，采取过专项整治行动，但效果并不理想。该负责人分析，一方面是商家违章违规搭建招牌，屡禁不止，另一个重要原因就是现有规章制度在广告招牌的亮度等方面没有明确限制。

2015 年 9 月，经成都市人民代表大会常务委员会修正的《成都市户外广告和招牌设置管理条例》正式生效。作为专门规范户外广告和招牌的规划、设置、管理的条例，对店招的亮度仅做了"按规定配置夜景光源"的模糊限定。该负责人介绍，目前，只能从依法办理审批的角度来进一步规范。按规定，所有店招都必须经过审批后才能投用。"可以明确的是，一店一招，且不能利用建筑物屋顶搭建广告招牌，同时店招字体和数量也有限制。"

从环保角度考量，同样缺乏相应法律法规的支撑。成都市环保局相关负责人坦言，由于对光污染没有具体的参数标准，即怎么界定为污染、危害具体有哪些等，因此"目前只能界定为扰民"。

对于这样的无奈，贾强感触颇深。他坦言，自今年以来，已分别向多个渠道投诉，私下也和商家协调过多次，但问题一直没有得到解决。对此，成都市城管委相关负责人也表示，经调查核实后将加大力度整治，同时也呼吁商家不要只顾自己经营利益需要，不顾法规规定擅自设置招牌，给市民生活和城市景观带来影响，应当依法办理招牌设置审批手续，规范设置，共同维护城市的环境。

复习思考题

1. 光污染有哪些危害？

2. 如何开展城市光污染治理？

11.4.2 案例二：上海垃圾分类成功经验总结①

上海先后出台《上海市促进生活垃圾分类减量办法》《关于建立完善本市生活垃圾全程分类体系的实施方案》《上海市生活垃圾全程分类体系建设行动计划（2018～2020年)》等文件，增强垃圾综合治理实效，提升生活垃圾"减量化、资源化、无害化"水平，建立完善的垃圾全程分类体系，促进生态文明和社会文明建设。上海生活垃圾强制分类的做法如下。

11.4.2.1 全面实行生活垃圾区强制分类

（1）明确生活垃圾分类标准。上海市生活垃圾分类实行"有害垃圾、可回收物、湿垃圾和干垃圾"四个分类标准。有害垃圾主要包括：废电池，废荧光灯管，废温度计，废血压计，废药品及其包装物，废油漆、溶剂及其包装物，废杀虫剂、消毒剂及其包装物，废胶片及废相纸等。可回收物主要包

---

① 生活垃圾分类"上海模式"成效与前瞻 [R/OL]. https：//m. thepaper. cn/baijiahao_
23312507.

括：废纸、废塑料、废金属、废旧纺织物、废玻璃、废弃电器电子产品、废纸塑铝复合包装等适宜回收循环利用和资源化利用的废弃物。湿垃圾主要包括：日常生活食物残余和食物加工废料等易腐性垃圾；蔬菜瓜果垃圾、腐肉、碎骨、蛋壳、畜禽产品内脏等易腐性垃圾；食品加工、饮食服务、单位供餐等活动中的食物残余和食品加工废料等餐厨垃圾。干垃圾主要包括：不宜回收利用的包装物、餐巾纸、厕纸、尿不湿、竹木和陶瓷碎片等。

（2）规范生活垃圾分类收集容器设置。在该市范围内的居住小区、单位、公共场所设置分类收集和存储容器。根据居住小区实际，科学合理设置生活垃圾分类收集容器，收集容器设置符合四类垃圾投放需要。在办公和经营场所设置有害垃圾、干垃圾收集容器及可回收物收集容器或投放点。在道路、广场、公园、公共绿地、机场、客运站、轨道交通站点以及旅游、文化、体育、娱乐、商业等公共场所设置可回收物及其他类别垃圾"两桶式"收集容器。

（3）稳步拓展强制分类实施范围。按照"先党政机关及公共机构，后全面覆盖企事业单位"的安排，分步推进生活垃圾强制分类。坚持党政机关及公共机构率先实施，加快推行单位生活垃圾强制分类。2018 年，实现单位生活垃圾强制分类全覆盖。

11.4.2.2　着力提升生活垃圾分类投放质量

（1）逐步推行生活垃圾"定时定点"投放。结合住宅小区建设"美丽家园"行动，鼓励居住小区推行生活垃圾"定时定点"投放。以干、湿垃圾分类投放为主要内容，根据不同类型居住小区实际，因地制宜确定定时定点投放的分类投放点设置、投放时间安排及分类投放规范等。

（2）深化绿色账户正向激励机制。以"自主申领、自助积分、自由兑换"为方向，坚持完善绿色账户激励机制。拓展绿色账户开通渠道，不断拓展绿色账户覆盖面，完善绿色账户积分规则，发挥绿色账户在促进干湿分类、可回收物回收方面的激励作用。加大政府采购力度，引进第三方参与垃圾分类的宣传、指导、监督工作。完善绿色账户监管模式，提升绿色账户第三方服务质量。探索绿色账户市场化运作方式，坚持政府引导、市场参与，多渠道募集资源，增强绿色账户影响力和吸引力。

（3）加快推进"两网融合"。按照"有分有合、分类分段"的原则，进一步厘清再生资源回收管理职责，加快推进居住区再生资源回收体系与生活垃圾分类收运体系的"两网融合"。推进源头垃圾分类投放点和再生资源交投点的融合，促进环卫垃圾箱房、小压站复合再生资源回收功能。

（4）不断完善"大分流"体系。坚持"大分流、小分类"的基本路径，不断完善"大分流"体系。加强装修垃圾管理，规范居住小区装修垃圾堆放点设置，引导居民对装修垃圾开展源头分类及袋装堆放。鼓励通过交换、翻新等措施，实现木质家具等大件垃圾再利用；鼓励再生资源回收企业回收利用大件垃圾。结合建筑垃圾中转分拣设施建设，逐步建立大件垃圾破碎拆解体系。促进枯枝落叶的资源化利用，完善枯枝落叶单独收集体系。完善集贸市场垃圾分流体系，强化集贸市场垃圾的源头分类，鼓励有条件的集贸市场设置湿垃圾源头减量设施。

11.4.2.3　严格执行生活垃圾分类收运

（1）全面实行分类驳运收运。明确各类生活垃圾分类收运要求，分类后的各类生活垃圾实行分类收运。有害垃圾交由环保部门许可的危险废弃物收运企业或环卫收运企业专用车辆进行分类收运。可回收物采取预约或定期协议方式，由经商务部门备案的再生资源回收企业或环卫收运企业收运后，进行再生循环利用。湿垃圾由环卫收运企业采用密闭专用车辆收运，严格落实作业规范，避免收集点对周边环境产生影响，避免运输过程滴漏、遗撒和恶臭。干垃圾由环卫收运企业采用专用车辆收运。

（2）建立完善分类转运系统。以确保全程分类为目标，建立和完善分类后各类生活垃圾转运系统。强化干垃圾转运系统，提升市属生活垃圾水陆集装联运系统能力。完善湿垃圾中转系统，推进市、区两级中转设施改造，配置湿垃圾专用转运设备及泊位。建设可回收物转运系统，合理布局建设可回收物中转站、集散场。

11.4.2.4　大力增强生活垃圾末端分类处理能力

（1）加强生活垃圾处理设施的规划保障。结合空间规划总体布局，对生活垃圾无害化处理及资源化利用设施提早布局、明确厂址，破解"邻避"困局。按照"统筹功能、合理布局、节约土地"的原则，做好各类垃圾处理设施的总体规划布局，充分挖掘已建成的生活垃圾处理设施周边空间潜力。

（2）加快提升生活垃圾分类处理能力。建立完善垃圾无害化处理及资源化利用体系，形成生活垃圾全市"大循环"、区内"中循环"、镇（乡）"小循环"有机结合、良性互动的分类处理体系。建设老港再生能源利用中心（二期），推进上海各区新建或扩建垃圾处理设施，满足无害化处置需求。坚持"集中与分散相结合"的布局，加快推进湿垃圾处理利用建设。积极推进建立全市性的可回收物集散中心，在依托全国市场的基础上，结合循环利用产业园区建设，布局再生资源产业，提升资源利用水平。

复习思考题

"上海做法""上海经验"，带来了哪些启发？

| 第 12 章 |

城市公共服务管理专题

提供公共服务是城市政府的重要职能之一，城市中目前存在的"看病难""上学难"等问题，引起了社会的广泛关注和热议。理解和掌握城市公共服务的基本概念，了解目前城市公共服务供给存在的问题成为掌握城市公共服务管理规律的关键问题。本章内容包括六部分：一是阐述城市公共服务的概念；二是阐述城市公共服务现状；三是阐述城市公共服务存在的问题；四是分析政府在公共服务领域的职责定位；五是分析公共服务供给的价值诉求；六是以大唐芙蓉园免费开放等案例分析城市公共服务供给的职责定位和价值诉求。

12.1 公共服务的概念

政府的基本职能：调节经济、监督市场、社会管理、提供公共服务。公共服务是指由政府或公共组织或经过公共授权的组织提供的具有共同消费性质的公共物品和服务。一国全体公民无论其居住地、年龄、性别、民族等均有权享有的服务。其范围包括国防、外交、基础教育、公共卫生、社会保障、基础设施、公共安全、社会保护、基础科技等。

公民的需求是无限的，但是所提供的基本公共服务是有限的，要能够满足居民最基本的生存权和发展权。公共服务本身具有公共性、开放性、可选择性、正外部性等特点，公民根据自身需求，可以选择接受公共服务，也可以拒绝政府提供的直接公共服务。公共服务在提供方式、服务范围、服务效果上的缺失和不周全，依然是我国各级政府面临的长期挑战之一。

12.2　城市公共服务现状

12.2.1　重要的公共服务指标跃升

我国许多重要的公共服务指标已经从低收入国家行列跃升到了中下等收入国家行列，这表明我国在公共服务领域的努力取得了实质性的成果。城市公共服务指标的跃升体现在基础设施建设、公共交通服务和环境质量改善等多个方面。

基础设施建设方面，城市公共服务设施的完善提高了公共服务水平的基础。例如，我国大部分城市建设了更多的公共图书馆、博物馆、公园、体育设施等，满足了市民的日常文化体育活动需求。公共交通服务方面，城市公共交通设施不断完善，公交线路覆盖面扩大，公共交通工具的更新和升级，提高了市民出行的便利性和效率。环境质量改善方面，城市环境质量不断改善，包括空气质量的提升、水质量的改善、噪声污染的减少等措施，提供了更舒适的生活环境。教育资源增加和优化，城市教育资源不断增加，优质教育资源的覆盖面扩大，包括新建学校、增加教师数量和优化教育资源分配等措施，提高了教育质量。

上述指标的跃升反映了城市公共服务水平的提升和政府在公共服务领域

的投入增加，为市民提供了更好的生活环境和更高质量的服务。城市公共服务指标的跃升，需要政府加大投入并制定有效的政策措施，同时社会各界也需要积极参与和配合，共同推动城市公共服务的提升和发展。

12.2.2 公共服务支出总量不断增加，支出结构逐步合理

城市公共服务支出总量不断增加和支出结构逐步合理，这是政府在提供公共服务方面取得的重要成就之一，政府通过不断加大对公共服务的投入提高了公共服务的水平和质量，更好地满足了人民群众的需求，具体体现在以下几个方面。

（1）财政预算投入增加，政府在公共服务领域的财政预算投入不断增加，为城市公共服务提供了更充足的资金保障。支出结构优化，政府在公共服务领域的支出结构不断优化，不同类型公共服务的投入比例更加合理，以提供更高质量、更全面的公共服务。

（2）基础设施建设投入增加，政府在公共服务基础设施建设中的投入不断增加，包括新建医院、学校、公共交通设施等，以提供更好的公共服务设施。

（3）人才队伍建设投入增加，政府在人才队伍建设中的投入不断增加，包括提高教师、医生等公共服务从业人员的待遇和福利，以吸引更多优秀的人才从事公共服务工作。

（4）科技创新投入增加，政府在科技创新方面的投入不断增加，推动了公共服务领域的科技创新和数字化转型，以提高公共服务的效率和质量。

城市公共服务支出总量增加和支出结构逐步合理，体现在财政预算投入增加、支出结构优化、基础设施建设投入增加、人才队伍建设投入增加、科技创新投入增加以及监管和评估加强等方面。这些变化有助于提高城市公共服务的水平和质量，为市民提供更好的生活服务。

12.2.3　社会保险制度基本得以确立并逐步走向完善

以养老、医疗、失业保险为主要内容的社会保险制度得以确立并逐步走向完善。目前我国已建成世界上规模最大的社会保障体系，基本医疗保险覆盖超 13.6 亿人，基本养老保险覆盖近 10 亿人。社会保障制度在保障人民生活、维护社会稳定、实现社会公平等方面发挥了重要作用，取得了巨大成就。

12.2.4　社会救助系列工作逐步加强

社会救助事关困难群众的基本生活和衣食冷暖，是保障基本民生、促进社会公平、维护社会稳定的兜底性、基础性制度安排，也是集中体现我们党全心全意为人民服务根本宗旨的基本体现。近年来，政府和社会不断提供基础物质保障的救助，例如，城市居民最低生活保障制度的建立、社区困难居民服务、住房救助、城乡医疗救助等救助工作，保障了基本民生、促进了社会公平、维护了社会稳定。

12.2.5　我国各级政府在公共服务领域的改革不断推陈出新

我国各级政府在城市公共服务领域的改革中，根据实际情况和需要，不断推进改革，提高城市公共服务水平，改善城市居民的生活质量。各级政府在城市公共服务领域的改革具体包括城市基础设施建设、城市公共卫生服务、城市社会保障服务、城市教育服务、城市文化服务等公共服务领域。

12.3 城市公共服务存在的问题

12.3.1 公共服务的整体水平较低

政府对公共服务的总支出增长速度慢且滞后。许多地方政府对公共服务职能的重视不够。尽管中央政府最近几年在这一方面有许多要求，甚至提出了建设服务型政府的要求，但是，很多地方政府在以经济增长论英雄观念的长期主导下，对公共服务理念缺乏足够重视。

不同公共服务领域存在着不同程度的投入不足、公共产品短缺的问题。我国政府的公共服务投入在医疗、教育、社会保障这三项基本公共服务上，低于世界平均水平。

12.3.2 公共服务相对滞后

一方面，表现为城乡失衡。在教育领域，城市和农村的教育资源分配存在严重的不均衡现象，城市师资力量雄厚，而农村地区面临教育设施简陋、师资力量不足的困境；在就业机会方面，城市经济发展迅速，提供了大量的就业岗位，而农村地区则因产业结构单一、经济发展滞后，导致就业机会稀缺；在公共基础设施方面，城市交通发达，公共设施完善，而农村地区面临交通不便、公共设施短缺、生活环境恶劣等问题。

另一方面，表现为地区（如发达地区与欠发达地区）失衡。发达地区政府公共服务意识和服务水平高于欠发达地区。发达地区的政府部门更加注重市场化的服务，注重提高政治服务的质量和效率以便更好地服务于经济的发展，而欠发达地区往往只注重政府权力和地位忽略了政府提供公共服务的重要性。

12.3.3　政府职能转变不到位

在目前国内建立社会主义市场经济体制的内在要求监督下，从深层次也反映出政府职能转变还不到位的问题。首先在认识上，对市场配置资源的体制要求理解不到位，没有摆正政府在促进城市发展、建设中的位置。其次在行动上，还沿袭着计划经济体制下政府行为的惯性，重微观运行、轻经济调节，重审批、轻监管。最后在管理上，管理城市的方式落后，计划色彩浓厚，意识淡薄。

12.3.4　公共服务供给管理方式单一

公共服务供给管理方式中，存在着一些问题和挑战，其中最突出的是管理方式单一。目前，公共服务的供给主要依靠政府主导，政府拥有绝对的控制权和决策权，这种传统行政范式的一元化城市公共服务单一管理方式，导致资源的集中和分配的不公，同时限制了其他主体的参与和发展，导致了供给效率的低下和质量的低劣。

12.4　政府在公共服务领域的职责定位

第一，负责提供基本公共服务。政府可利用规模经济等优势，提供那些规模大、成本高、需求普遍的基本公共服务。

第二，坚持"掌舵"而不是"划桨"。公共服务的提供者既可以是行政部门，也可以是企事业单位，还可以是政府购买私人部门的服务。

第三，为私人部门参与公共服务供给提供制度激励。政府可以利用市场机制以及私营部门的经营和技术优势，通过多种形式组织和提供基本公共服务。

12.5　公共服务供给的价值诉求

12.5.1　效率

效率是指公共服务的投入和产出比例。在财政和资源投入既定的前提下，效率追求公共服务产出最大化，测量指标主要有：投入人员、资金、资源、时间、工作量等。

12.5.2　效果

效果是指公共服务投入所产生的后果。效果与投入的成本或使用的资源无关。衡量指标主要有：市民满意度、市民参与水平等，可通过抽样调查、热线电话投诉量进行测量。

12.5.3　回应性

回应性是指城市政府提供公共服务符合市民要求和预期目标的能力，它反映了市民偏好和需求得到满足的程度。一般来说，政府对消防、犯罪、治安、道路塌陷的回应，要快于对改进城市规划、基础教育、道路清扫、垃圾收集等需求的回应。

12.5.4　公平

公平涉及机会平等、税负平等及结果平等。机会平等是指所有的市民都接受相同水平的公共服务；税负平等是指市民接受的服务应当与其所缴纳的税收成比例；结果平等是指政府分配公共服务资源，应给予最低收入者额外的关注。

12.6　案例：城市公园免费开放[①]

大唐芙蓉园位于陕西省西安市城南的曲江开发区，大雁塔东南侧，它是在原唐代芙蓉园遗址以北，仿照唐代皇家园林式样重新建造的，是中国第一个全方位展示盛唐风貌的大型皇家园林式文化主题公园，占地面积1000亩，其中水域面积300亩。2002年开始建设大唐芙蓉园，2004年落成，2005年4月11日（农历三月初三）正式对外开放。大唐芙蓉园内建有紫云楼、仕女馆、御宴宫、杏园、芳林苑、凤鸣九天剧院、唐市等许多仿古建筑，是中国最大的仿唐皇家建筑群，景区由中国工程院院士张锦秋担纲总体规划和建筑设计。

作为国家5A级景区大唐芙蓉园一直以120元的价格出售门票。2019年，大唐芙蓉园发布一则免票公告，从4月起，每月15日免费对西安市民开放，每次5000人（含国家政策性免票）。本来利民惠民的一项举措，网上却吐槽声一片。

---

① 从旅游城市到城市旅游 门票经济必须迈过的一道坎［R/OL］. https：//mobile. rmzxb. com. cn/tranm/index/ur/whkj. rmzxb. com. cn/c/2016 - 04 - 19/772603. shtml.

针对大唐芙蓉园免票 5000 张的举措，有网友调侃，按照西安市 1000 万人口计算，每月 5000 名的免费名额，如果让所有西安人都享受到这项福利，要花费 166 年时间；免费的对象仅限于西安市民，以身份证有效信息为准，这样的做法难免有些不大气，全国其他各地的游客仍然不能享受免费的政策；每月免费的 5000 人中包含国家政策性免票的人群，年过 65 岁居民和 6 周岁或身高 1.2 米以下儿童本身就免票入园，按道理应该排除在 5000 个名额之外，如果计算在内，无形中留给正常购票者的名额就将大打折扣；当月预约的票只能在 15 日使用，如果预约后无法按照指定时间参观，此次预约作废，次月重新预约。

中国景区门票价格偏高，尤其是 4A、5A 级景区动辄 100 元、200 元的门票价格频繁被吐槽。从国家到地方政府这两三年来也下大力气出台了一系列政策降低门票价格，促进旅游业健康发展。但是一些景区不痛不痒的降价被媒体和老百姓批评为"缺乏诚意""小家子气"。

国内一些主要的旅游城市诸如北京、上海、杭州、昆明等地在摆脱"门票经济"束缚、推动全域旅游发展方面一直走在前列。以杭州为例，十几年前就对西湖景区实行了免票政策，乍一看放弃了门票的收入，但是整个城市的旅游经济红红火火，人气长年居高不下。每逢节假日，杭州的酒店、餐饮、旅游业火爆程度让很多其他城市羡慕不已。

陕西历史博物馆自 2008 年 3 月向公众免费开放后，让众多百姓游客享受到了免费的公共文化服务，每天 6000 张的免票额度让陕西历史博物馆的热度居高不下，成为外地游客到西安打卡的必去景点之一，特别是每年的寒暑假，前来参观研学的学生更是络绎不绝。

一位旅游行业从业者表示，"国内的景区应该认识到，免门票其实是一次绝佳的营销机会。门票的损失完全可以通过其他形式的收入来弥补，比如文创产品、特色讲解、餐饮住宿服务等。以发展的眼光来看，未来景区早晚要摆脱门票经济。单纯依靠门票，景区是无法持续发展的。做大做强旅游产业，必须具备舍小利、赚大钱的智慧。如果死守门票经济不松手，只能证明当地旅游市场结构和业态单一，旅游经济发展思维落后"。

2020 年 8 月开始，大唐芙蓉园免费对大众开放。

复习思考题

1. 个人思考题。

（1）你认为城市公园是什么性质的产品？大唐芙蓉园免费开放主要靠什么力量推动？

（2）如果你是一位普通市民，你如何看待、如何参与大唐芙蓉园免费开放这件事？

2. 小组讨论。分组进行角色扮演，讨论案例中各个利益群体（公园管理方、市民和游客、政府、与公园相关的商家）对城市公园免费开放的利益诉求，并阐述各自的利益诉求的出发点？

3. 诊断性总结。结合本案例背景，如何认识和处理市民、政府和公共管理方的利益关系？

第 13 章

城市管理创新专题

为应对日益复杂的城市问题，提升城市管理的活力与竞争力，城市管理创新势在必行。智慧城市、城市精细化管理、网格化城市管理等被视为行之有效的城市管理创新模式。本章内容包括四部分：一是阐述智慧城市的内涵和现状；二是阐述城市精细化管理的内涵和要求；三是阐述网格化城市管理的内涵和构成要件；四是以兰州市网格化雾霾治理模式为案例分析网格化城市管理模式的难点和重点。

13.1　智慧城市

智慧城市是基于数字城市、物联网和云计算建立的现实世界与数字世界的融合，以实现对人和物的感知、控制和智能服务。智慧城市是当今城市发展的新理念和新模式，是推动政府职能转变、推进社会管理创新的新手段和新方法。借助物联网、云计算、移动互联网等信息化技术，实现政府管理、经济发展、民众生活模式转变。

智慧城市的特征，是利用先进的信息技术，实现城市智慧式管理和运行，进而为城市居民创造更美好的生活，促进城市的和谐、可持续发展。面对城市发展过程中所面临的多种"城市病"，越来越多的城市选择建设智慧城市。截至 2018 年 11 月，全国已有 600 多个城市计划建设或正在建设智慧城市，值得一提的是，越来越多的中西部城市加入了建设新型智慧城市的行列。中国智慧城市发展中存在的问题包括智慧城市理论方法研究滞后于实践，智慧城市关键技术和产品储备不足，智慧城市的建设管理体制没有理顺等问题。

13.2　城市精细化管理

城市精细化管理是指以管理目标的精准定位、管理手段的精密细致、管理过程的高效运行为主要手段，在灵活适应当代城市快速发展变化的环境中追求不断完善、精益求精的管理模式。城市管理的精细化水平是衡量城市治理质量和效能的重要标志。城市精细化管理的主要特点包括以下方面。

第一，目标的精准化。城市精细化管理意味着要建立差异化、个性化、多样化的目标定位，而非"一刀切"、平均化的统一目标，要求及时了解和掌握不同人群、不同区域的实际服务需求，同时还需要对需求的变化趋势建立基本的判断能力。首先，不同居民群体对公共服务和公共产品的需求具有显著的差异性；其次，不同区域具有不同的经济社会功能结构和人口空间地理特征。

第二，治理手段规范化。城市精细化管理意味着城市治理需要建立健全完善的法律法规体系，治理手段的规范化有利于明确政府、社会、企业等主体在城市治理中的职责划分，为公众的权利行使提供基准和依据；治理手段的规范化有利于克服运动式、经验式的治理弊端，提供城市治理的长效性、稳定性和可信性。

第三，过程高效。提高城市治理过程的回应性，不仅要通过管理过程中的流程优化和技术创新来提高管理绩效和服务供给的有效性，同时也需要积极探索建立政府与社会多元主体协同治理的新机制和新模式。精细化管理，一方面需要通过多元主体的参与，填补政府的职责空白，弥补政府职能转型过程中的管理漏洞和服务缺乏，改善城市治理中不细致、不到位的状况，进而为推动城市治理创新提供动力和源泉；另一方面也需要通过建立政府与社会多元主体的双向良性互动关系，为提高城市治理的目标、手段和过程的互动性和灵活性，提供制度化的动力和运作路径。

13.3　网格化城市管理

21世纪以来，我国很多城市在探索城市治理创新，其中网格化城市管理显著提升了城市管理水平。网格化城市管理的构成要件如下。

（1）单元网格，将城市区域划分为若干边界清晰的地域单元，形成一个个无缝拼接的单元网格，实现了小区域分块管理。

（2）监督员，负责在单元网格内巡逻，发现城市问题立即上报。

（3）信息采集设备，该系统以手机为原型，研发设计了可移动的信息采集设备。

（4）信息网络系统，建有专门的信息网络系统，便于监督员、监督指挥中心、各行政部门进行沟通和传递信息。

（5）监督指挥平台，实行监督权、评价权与管理权相分离。

网格化城市管理的成效包括从粗放式管理走向精细化管理，及时发现问题、及时传递信息、及时处置问题的流程安排；从运动式管理走向常态化管理；从各自为政走向跨部门管理，专门的监督指挥中心，建立了执行和监督相分离的体制；从随意性管理走向标准化管理。

网格化城市管理的局限性包括倚重监督员收集信息，市民参与不足；过于注重技术装备，行政成本较高；绩效评价报告仅限于政府内部掌握。

13.4　案例：兰州市网格化雾霾治理模式①

2012 年兰州市开始推行网格化治霾，2013 年底正式出台《关于推行城市网格化管理的实施意见》，空气质量优良天数快速增长，2013 年为 292 天，2014 年为 313 天。2015 年 12 月巴黎气候大会上，兰州作为我国唯一的非低碳试点城市应邀参会，荣获"今日变革进步奖"。网格化管理作为一种新的雾霾治理模式，在兰州市大气污染治理实践中取得了引人注目的成果，对国内同类城市治理大气污染具有重要的借鉴意义。

兰州市采用由北京市新技术应用研究所下属的北科维拓科技有限公司开发的"网格化管理平台"，应用互联网技术，依托网格化管理平台，将大气污染治理职责落实到市、区（县）、街道（乡镇）、社区（村居）、网格五级管理体系，推动大气污染治理触角向下延伸，实现对各自空气污染监管区域和内容的全方位、全覆盖、无缝隙管理。

兰州市的网格化治霾主要依靠政府的主导力量，将行政资源注入每一个网格之中，将治霾计划层层细分，落实到每一个网格之中，配之以奖惩措施，扎实地完成治霾计划，堪称"铁腕治霾"。兰州市政府牵头组织构建网格化管理系统，由政府的行政力量强制推行，因而各部门之间的缝隙被缩小，网格的所有层级和各职能部门全部抓包抓干，责任到人。不论是小商小

---

① 对症下猛药，铁腕出重拳，甘肃省兰州市走出一条强力治污之路 [R/OL]. https：//www. mee. gov. cn/ywdt/dfnews/202008/t20200813_793624. shtml.

贩的小火炉，还是大型施工现场，或是马路上的渣土车，每一个微小的环节都有人负责，全民皆兵。

兰州市的网格化治霾还将宣传深入到群众中去，和网格内的群众进行广泛的沟通，派发环保宣传册。各网格组织都要公布网格长、网格员和巡查员的联系方式，鼓励居民在发现污染问题后及时上报。城市居民发现此类污染问题可以通过热线电话、微信公众号或者拍照后上传微博等方式来联系网格管理员，网格管理员接到举报信息后将信息输送到信息共享平台，并第一时间赶到污染现场进行处理。市政府不需要专门组织环保部门的巡查队来进行日常巡查，网格化管理系统就是政府和社会合作的平台。网格工作人员和职能部门的工作人员也转变了自己的工作态度，从以前的等待问题到现在的主动发现问题，甚至很多街道干部亲自将无烟煤送到商户家中，鼓励商户使用无烟煤，以减少污染。

兰州市区划分了 1482 个网格，并对网格员的空气污染监管定区域、定任务、定责任，网格员通过移动终端，实时上报污染问题。"网格化管理平台"通过系统运作，实现问题受理、限期办理、公示反馈、跟踪监督的闭环式工作模式，形成线上线下联动、各部门协同处理的高效、规范的流程，从而做到源头防治、过程监控、日常管理、末端监管。兰州市通过"网格化管理平台"的有效运作，实现了空气污染治理常态化，成为全国环境空气质量改善最快的城市。

兰州市的网格化管理"以块为主、条块结合，各级联动、落实责任"，完善了市、区（县）、街道（乡镇）、社区（村居）四级联动的网格管理体制，清除了城市管理中的盲点，实现了政府的流程再造。整个兰州市近郊四区被划分为 49 个一级网格、338 个二级网格和 1482 个三级网格。三级网格是最小的网格单元，以楼院、小区为单位，不仅包括居民住宅小区，所有的企业、主次干道、施工场所和公共场所也都包括在内。二级网格由若干个不同数量的三级网格构成，一级网格为区（县）一级的最高级别网络，各级网格层层相套，共同组成了完整的城市治理网络。

兰州市的网格管理者一般被称为网格长，网格单元中还配有若干网格员、巡查员等。网格长一般由街道办事处领导干部、社区干部或村委会领导班子成员担任，除了网格内的污染监控工作，还要协调查处跨网格区域的违法空气污染行为。

网格员一般由楼长、居委会主任或社区志愿者来担任，负责固定区域内的日常检查，对于区域内的违法污染行为及时上报，并且要劝阻和制止违法污染行为。巡查员一般由社区工作人员或者街道办事处的工作人员担任，在网格区域内进行巡逻检查，并且协助网格员一起对污染行为进行处理。网格的管理人员通过"城管通"来上报环境污染问题，不仅可以上传文字，还可以上传图片、语音、地理位置等数据。

在组织人员配备方面，网格管理员除了由社区、街道等政府工作人员兼职担任，还很好地利用了行政体制外的资源，包括政党资源、社区自治资源和社会组织资源。一些退休的老党员、居委会干部、社区志愿者也成为网格管理者的重要组成部分。这些人员甚至不计劳动报酬，自愿参与到城市的网格化管理中来，有效地解决了网格管理者人员配备不足的情况，也极大地减轻了政府的财政负担。

兰州市网格化管理的监督考核办法具有多种形式。既有自查互查，也有上级的明察暗访和群众的举报监督，网格长对网格员的考核是末位淘汰制，对连续三次排名最后的网格员予以转岗、辞退。

兰州市主城区四个辖区的主要考核指标是可吸入颗粒物（PM10）和细颗粒物（PM2.5）年均值的下降幅度，远郊三县一区的主要考核指标为各辖区年均降尘量。对于完成情况较好的领导班子和网格管理者予以奖金或是升职等方式的奖励，对于未完成治理计划的领导班子和网格管理者予以全面谈话和环保一票否决甚至是撤职的处罚。

复习思考题

1. 个人思考题。城市网格化管理的特征有哪些？

2. 小组讨论。请结合案例，讨论开展城市网格化管理的难点和重点分别是什么？

3. 诊断性总结。兰州市的网格化雾霾管理模式提供了哪些经验借鉴？

参考文献

［1］北京市石景山区鲁谷社区党工委．坚持"四同步"激发社区活力
［J］．政工研究动态，2004（23）．

［2］北京市统计局．北京统计年鉴2021［M］．北京：中国统计出版社，
2021．

［3］蔡璐．社会性规制绩效测度的省际比较［J］．统计与决策，2020
（9）．

［4］程遥，赵民．国土空间规划用地分类标准体系建构探讨——分区分
类结构与应用逻辑［J］．城市规划学刊，2021（4）．

［5］从旅游城市到城市旅游门票经济必须迈过的一道坎［R/OL］．2016 –
04 – 19．https：//mobile．rmzxb．com．cn/tranm/index/url/whkj．rmzxb．com．cn/
c/2016 – 04 – 19/772603．shtml．

［6］崔寅．城市基础设施承载力及其影响因素研究——以天津市为例
［J］．建筑经济，2022（10）．

［7］大西安户籍人口将突破1000万［R/OL］．2019 – 01 – 23．ht-
tps：//www．xa．gov．cn/zzzb/xwdt/xwfbh/5d490a4afd850833ac58e7f3．html．

［8］丁芝华．市场化改革背景下城市公共交通规制的模式研究［J］．重
庆社会科学，2021（6）．

［9］对症下猛药，铁腕出重拳，甘肃省兰州市走出一条强力治污之路……
如今，举头常见"兰州蓝"［R/OL］．2020 – 08 – 13．https：//www．mee．gov．cn/

ywdt/dfnews/202008/t20200813_793624. shtml.

[10] 付金存，龚军姣. 公私合作制下城市公用事业的政府规制 [J]. 贵州社会科学，2016 (2).

[11] 高璐. PPP 模式在基础设施建设中的应用案例研究——以杭州湾跨海大桥项目为例 [D]. 广州：暨南大学，2017.

[12] 关成华. 中国城市化进程新特征 [J]. 人民论坛，2023 (2).

[13] 关于"生孩子"的那些政策——中国人口政策演变"编年史" [R/OL]. 2015 - 02 - 19. https：//www. gov. cn/zhengce/2015 - 02/09/content_2816919. htm.

[14] 郭圣莉，张良，刘晓亮. 新中国成立初期我国城市管理体制的建立及其层级结构研究 [J]. 上海行政学院学报，2021 (3).

[15] 国家统计局. 中国统计年鉴 2020 [M]. 北京：中国统计出版社，2020.

[16] 国家统计局. 中国统计年鉴 2023 [M]. 北京：中国统计出版社，2023.

[17] 国务院灾害调查组. 河南郑州"7·20"特大暴雨灾害调查报告 [R/OL]. 2022 - 01 - 21. https：//www. mem. gov. cn/gk/sgcc/tbzdsgdcbg/202201/P020220121639049697767. pdf.

[18] 韩裕庆. 城市管理学 [M]. 北京：首都经济贸易大学出版社，2020.

[19] 韩沅刚，李振涛，油建盛，等. 新型城镇化建设对城市碳平衡的政策效应与机制研究 [J]. 城市问题，2024 (1).

[20] 杭州市投资促进局. 吸引人才，向来是城市竞争的重头戏 [R/OL]. 2023 - 05 - 19. http：//tzcj. hangzhou. gov. cn/art/2023/5/19/art _ 1621408 _ 58892543. html.

[21] 何延昆，许炜婷. 中国城市生活垃圾分类政策研究——基于 46 个

试点城市的政策文本分析（2017—2022 年）［J］．生态经济，2024（3）．

［22］黄群芳，陆玉麒，颜敏，等．长三角城市群城市化发展历程和特征研究［J］．现代城市研究，2021（12）．

［23］经济观察网．"广州砍树事件"何以至此［R/OL］．2021 − 12 −15．https：//www．eeo．com．cn/2021/1215/515103．shtml．

［24］竞争性磋商采购社会资本破解资金难题，环湖截污项目建设与监管双管齐下［R/OL］．2023 − 10 − 31．https：//sthjt．yn．gov．cn/ywdt/xxywrd-jj/202104/t20210415_222079．html．

［25］离开 5 年，西安友谊路千余棵法国梧桐树即将"回家"［R/OL］．2020 − 11 − 16．https：//m．thepaper．cn/baijiahao_10005898．

［26］李萌，陈金永，张力．城市人口管理组织化：基于集体户口的认识［J］．南方人口，2020（4）．

［27］李伟军，邓国营．"城市梦"：住房公积金与流动人才居留意愿［J］．浙江工商大学学报，2024（1）．

［28］李伟．韧性城市治理体系的构建困境与对策［J］．南京邮电大学学报（社会科学版），2024（1）．

［29］李雪梅，周文华．城市土地资源利用与环境管理规划研究——评《城市土地开发与管理》［J］．科技管理研究，2021（12）．

［30］李扬，郭成玉，王磊．中国城市公共服务供给水平的空间格局及其影响因素［J］．科技导报，2023（16）．

［31］刘丽，米加宁，刘润泽．国家治理现代化视域下的应急社会动员能力研究——基于超大型城市应急管理"十四五"规划的政策文本分析［J/OL］．理论与现代化，2024（3）．

［32］刘同昌．政社分开、居民自治的新型社区管理模式——青岛浮山后社区管理模式的调查与思考［J］．青岛行政学院学报，2005（2）．

［33］刘一鸣，黄彦瑜，赖妙华，等．广州城市人口空间结构与演化趋

势研究［J］．人口与发展，2023（2）．

［34］刘志．城市规划与财政关系初探［J］．国际城市规划，2023（1）．

［35］卢超．社会性规制中约谈工具的双重角色［J］．法制与社会发展，2019（1）．

［36］陆军．城市管理学公共视角［M］．北京：中国人民大学出版社，2023．

［37］陆军．新时代我国城市管理体制改革的方向与进阶［J］．城市管理与科技，2022（5）．

［38］罗海元，王伟．完善新时代城市管理机构职能与管理体制研究——基于我国八省市三级城市管理实践考察［J］．中国行政管理，2019（8）．

［39］骆文月，随洪光．基础设施与中国城市全要素生产率［J］．经济评论，2024（1）．

［40］年猛．中国户籍制度改革的演进逻辑与深化方向［J］．经济社会体制比较，2023（6）．

［41］彭向刚．城市养犬的政府规制效果评估——基于政策文本的内容分析［J］．学术研究，2021（6）．

［42］《上海城市规划志》编纂委员会．上海城市规划志［M］．上海：上海社会科学院出版社，1999．

［43］上海市统计局．上海统计年鉴2023［M］．北京：中国统计出版社，2021．

［44］深圳高质量打造2035版"立体城市"全球典范［R/OL］．2023 - 10 - 31．http：//sz．people．cn/n2/2023/1031/c202846 - 40622826．html．

［45］生活垃圾分类"上海模式"成效与前瞻［R/OL］．2023 - 06 - 02．https：//m．thepaper．cn/baijiahao_23312507．

［46］四川省统计局，国家统计局四川调查总队编．四川统计年鉴2022［M］．北京：中国统计出版社，2022．

[47] 孙哲远，白燕．城市人才政策如何影响中小企业"专精特新"转型［J］．中国人力资源开发，2024（3）．

[48] 谭荣辉，徐晓林，傅利平，等．城市管理的智能化转型：研究框架与展望［J］．管理科学学报，2021（8）．

[49] 田圆．重塑南京：新中国城市管理体制创始的地方样本［J］．江海学刊，2023（5）．

[50] 童玉芬．中国人口的最新动态与趋势——结合第七次全国人口普查数据的分析［J］．中国劳动关系学院学报，2021（4）．

[51] 王儒奇，陶士贵，刘强．数字经济能否提升城市创新能力——基于双边随机前沿模型的新视角与再测算［J］．江苏大学学报（社会科学版），2023（3）．

[52] 王树文，文学娜，秦龙．中国城市生活垃圾公众参与管理与政府管制互动模型构建［J］．中国人口·资源与环境，2014（4）．

[53] 王垚．中国城市管理体制演变的历史脉络及制度特征［J］．区域经济评论，2023（3）．

[54] 王垚．中国城市行政管理体制改革的方向与路径探讨［J］．当代经济管理，2022（3）．

[55] 王永香，李景平．中国城市社区管理体制改革的未来走向——以安徽"铜陵模式"为例［J］．华东经济管理，2013（3）．

[56] 温璐迪，郭淑芬．数字基础设施建设与后发城市经济追赶——基于城际创新合作的视角［J］．城市问题，2024（2）．

[57] 吴颖．数字赋能城市精细化管理的路径［J］．现代企业文化，2022（16）．

[58] 吴志敏．城市公共危机治理下公众主动参与有效性研究——基于协同治理视角［J］．学术界，2018（2）．

[59] 武文杰，孙瑞宁．城市公共服务设施可及性评价的理论与方法

[J]. 城市规划，2024（1）.

[60] 西安发布 53 个 PPP 项目总投资 1500 多亿 [R/OL]. 2017 - 05 - 26. https：//www. xa. gov. cn/gk/xwfbh/xwfbh/5d49097a65cbd87465a63d1a. html.

[61] 西安：借力"PPP"模式提升城市公共服务能力 [R/OL]. 2023 - 10 - 31. https：//js. shaanxi. gov. cn/zixun/2018/5/104281. shtml.

[62] 西湖的柳树、南京的梧桐，为啥不能砍 [R/OL]. 2022 - 05 - 18. https：//m. thepaper. cn/baijiahao_18151243.

[63] 肖磊，梁佳欣，陆亚楠，等. 中国城市群基础设施水平的区域差异与分布演进 [J]. 统计与决策，2023（4）.

[64] 肖彦博，张競予. 国家创新型城市试点政策的经济效应及其影响路径 [J]. 统计与决策，2023（24）.

[65] 杨春志，易成栋，陈敬安，等. 中国城市住房问题测度研究 [J]. 城市问题，2023（5）：93 - 103.

[66] 杨宏山. 城市管理学（第三版）[M]. 北京：中国人民大学出版社，2021：22.

[67] 詹美旭，刘倩倩，黄旭，等. 城市体检视角下城市治理现代化的新机制与路径 [J]. 地理科学，2021（10）.

[68] 张崇彬. 贵阳市城市基层管理体制改革探析 [J]. 决策与信息旬刊，2012（8）.

[69] 张凌云，张晓松. 建水建新街事件的反思 [J]. 创造，2003（1）.

[70] 张明华. 危机管理与应急管理概念辨析 [J]. 中国应急管理，2023（11）.

[71] 张先贵. 国土空间规划体系建立下的土地规划权何去何从？[J]. 华中科技大学学报（社会科学版），2021（2）.

[72] 张晓杰，王孝. 均衡性与可及性：城市群基本公共服务均等化——基于长三角城市群和成渝双城经济圈的比较分析 [J/OL]. 价格理论与实

践，2024（4）.

［73］张志彬.政府环境规制、企业转型升级与城市环境治理——基于35个重点城市面板数据的实证研究［J］.湖南师范大学社会科学学报，2020（6）.

［74］中共中央党史和文献研究院.习近平关于城市工作论述摘编［M］.北京：中央文献出版社，2023.

［75］中国户籍制度改革历史回眸［R/OL］.2014－07－30.https：//www.gov.cn/xinwen/2014－07/30/content_2727331.htm.

［76］中华人民共和国国家发展和改革委员会.南京市淮海路街道管理体制改革的做法和主要经验［R/OL］.2006－04－19.https：//www.ndrc.gov.cn/fggz/tzgg/byggdt/200604/t20060419_1021720.html.

［77］周忠良，曹丹，刘观平，等.公共危机事件中政策认同的构建研究——基于陕西省的实证分析［J］.公共行政评论，2023（5）.